Tao Yuanm[

Pijany pustelnik

Wiersze

przekład z języka chińskiego:
Jarek Zawadzki

CreateSpace, Seattle 2012

Podstawa przekładu:

溫洪隆《陶淵明集》
Wen Honglong (red.), *Tao Yuanming – utwory zebrane*,
Tajpej 2004

ISBN-13:978-1470138776

ISBN-10:1470138778

Spis treści

Przedmowa

O przekładzie

Przybliżając dziś polskiemu Czytelnikowi starożytną poezję chińską, chciałbym podkreślić, iż była to poezja zawsze rymowana.[1] W większości jednak przekładów na języki europejskie dominuje wiersz wolny (który w Chinach pojawił się dopiero w XX wieku), co może mylnie sugerować, iż starożytni Chińczycy nie znali i nie stosowali rymów.

W swoich przekładach zastosowałem wiersz rymowany o prozodii polskiego wiersza metrycznego (jedenasto- lub trzynastozgłoskowca). Starałem się też zachować układ rymów, jaki występuje w oryginale (zazwyczaj ABCB, rzadziej ABAB), choć zrezygnowałem z wielokrotnego powtarzania tego samego rymu; w czym chińscy poeci tak się lubowali i stosowali nierzadko taki sam rym w całym wierszu (czyli np. ABCBDBEBFBGB). W polskiej poezji nie ma takiego zwyczaju, a poza tym wiersz z jednolitą barwą rymu byłby zbyt monotonny, dlatego też nie powtarzam tego samego wygłosu wiersza więcej niż trzy razy w tym samym utworze.

Niełatwy okazał się również problem wynikający ze specyfiki gramatyczno-ortograficznej języka polskiego w zderzeniu z chińską fonologią i ortografią.[1]

---

[1] Procesy fonologiczne, jakie miały miejsce na przestrzeni wieków, nierzadko sprawiły, że rymujące się niegdyś wyrazy, dzisiaj już się nie rymują.

[1] Ortografią, czyli zapisem alfabetycznym, którego nie należy mylić z pismem chińskim stosowanym na co dzień, które to z kolei alfabetem nie jest, więc nie można mówić w jego przypadku o żadnej ortografii. Omówienie zasad zapisu alfabetycznego znajduje się na końcu książki w rozdziale pt. „Transkrypcja."

Język polski wymaga bowiem odmiany rzeczowników, a niektóre chińskie nazwy własne (czy inne wyrazy) nie poddają się łatwo temu nowemu dla nich zwyczajowi. Dla przykładu, jeden z wierszy nosi tytuł 五月旦作和戴主薄 („*Wu yue dan zuo he Dai zhubo*"). Rodzi się pytanie czy odmienić nazwisko Dai, czy też potraktować je jako nieodmienne. W przypadku nazwiska polskiego, nie mielibyśmy takiej rozterki i powiedzielibyśmy np. „Do adiutanta Kowalskiego/Nowaka/Bugaja."

W przypadku nazwiska Dai napotykamy na pewną osobliwą przeszkodę, gdyż odmieniwszy to nazwisko otrzymujemy wersję: „Do adiutanta Daia", co brzmi niezręcznie i skłania to pozostawienia formy mianownikowej 'Dai' nawet w przypadku dopełniacza. Ale czy wersja: „?Do adiutanta Dai" nie byłaby jednak sprzeczna z zasadami gramatyki naszego języka? Tak jak niepoprawna jest np. wypowiedź: „*Do adiutanta Bugaj."

Ten przykład nie jest odosobniony, mamy bowiem inny wiersz o tytule: 示周續之祖企謝景夷三郎 („*Shi Zhou Xuzhi ZuQi, Xie Jingyi san lang*"), co stosując deklinację należało by przetłumaczyć w następujący sposób: „Do trzech panów: Zhou Xuzhi'ego, Zu Qiego oraz Xie Jingyiego."

Jeśli chodzi o imiona typu Jingyi czy Xuzhi, przyjęło się, aby ich nie odmieniać; osobiście jednak uważam to za nienaturalne – ale być może nie należę do (zdecydowanej) większości w tym względzie.

Przyjęło się też, aby nie odmieniać nazwiska, kiedy występuje ono razem z imieniem. Przy czym w języku chińskim podaje się najpierw nazwisko o dopiero potem imię. Kiedy jednak nazwisko występuje samodzielnie – jak w pierwszym z przytoczonych tytułów – jest ono odmieniane... lub nie.

Załóżmy więc, że mamy do czynienia z samymi tylko nazwiskami. W przypadku nazwiska Zu nie ma problemu, gdyż nazwiska zakończone na „u" nie odmieniają się: np. „Do pana Pompidou" tak więc „Do pana Zu." Inaczej jednak wygląda sprawa w przypadku nazwiska Zhou, gdyż przypomina ono fonetycznie nazwiska Shaw i Poe, które są odmieniane: np. „Do Bernarda Shawa/Allana Edgara Poego." Forma „Zhoua" (wymowa: *dżoła*) nie brzmi jednak zbyt elegancko. Znacznie lepiej brzmi wersja „Zhouego" (wymowa: *dżołego*), choć też można mieć spore wątpliwości co do jej użycia.

Problem innej nieco natury – bo czysto ortograficznej – pojawia się w tytule wiersza 與殷晉安別 („*Yu Yin Jin'an bie*"). Jak widać w transkrypcji, zapis nazwy własnej Jin'an wymaga apostrofu już w samym mianowniku. W polskiej ortografii natomiast, apostrof pojawia się przed końcówką fleksyjną, jeśli ostatnia litera mianownika obcego wyrazu jest, w przypadku zależnym, niewymawiana lub wymawiana, ale w sposób odbiegający od zasad polskiej pisowni. Tytuł ten przetłumaczony na język polski wygląda jednak następująco: „Pożegnanie pana Yina z Jin'anu", co może mylnie na pierwszy rzut oka sugerować, że „anu" jest kocówką fleksyjną.

To jednak nie wyczerpuje wszystkich możliwości jakimi język chiński zaskakuje polską ortografię. Załóżmy bowiem, że mamy do czynienia z nazwą własną, której mianownik wygląda „Ren'ai" – w miejscowniku otrzymalibyśmy formę jeszcze bardziej dziwaczną niż w poprzednim przypadku: „na Ren'aiu."[1] Oczywiście zawsze zostaje opcja niedeklinowania takich nazw.

Chińskie nazwy własne są najwyraźniej tak świeżym zjawiskiem w polskiej rzeczywistości językowej, iż *native*

---

[1] Taka nazwa własna nie występuje wprawdzie u Tao Yuaminga, występuje jednak w świecie rzeczywistym, jest to bowiem nazwa jednej z ulic w Tajpej (*notabene*, bez namysłu odrzuciłbym formę „*w Tajpeju", choć brzmienie formy „na Ren'aiu" nie razi, przynajmniej mnie. Najlepszy to dowód na to, o czym piszę w kolejnym akapicie).

speakerzy języka polskiego nie potrafią podjąć jednoznacznej decyzji, inaczej niż ma to miejsce w przypadku nazw obcych już zadomowionych u nas jak angielskie, niemieckie czy francuskie.

Jeśli Czytelnik spotkał się już wcześniej z innymi przekładami wierszy starochińskich na język polski albo na inny język europejski, zauważy pewne niepokojące różnice między owymi przekładami a tymi, jakie zawiera ta książka. Wspominałem już o zagadnieniu rymów w dawnej poezji chińskiej i o tym że zazwyczaj są one ignorowane w tłumaczeniach, jak ignorowany jest również rytm wiersza, a cały przekład opiera się na wierszu wolnym nierymowanym. Tak nie jest w przypadku moich wersji, gdzie Czytelnik znajdzie tradycyjny polski rytm i rym – chińskiego rytmu oddać się nie da.

Kolejnym aspektem wyróżniającym moje tłumaczenie od większości dostępnych przekładów jest inne oddanie w języku polskim chińskiego słowa 酒 (*jiu*). Słowo to znaczy „napój alkoholowy" i bywa najczęściej tłumaczone słowem „wino", choć tak naprawdę wino (tzn. alkohol z winogron) w dawnych Chinach było niemalże nieznane, a nawet obecnie nie jest zbyt popularne – choć zyskuje na popularności dosyć szybko (zwłaszcza czerwone i zwłaszcza wśród kobiet). Najpowszechniej pijanym w Chinach alkoholem był i jest 白酒 (*baijiu*, „biały alkohol"), który można by utożsamić z naszą wódką „czystą", gdyż jest on przeźroczysty i wysokoprocentowy, różni się tylko smakiem; a produkowany jest najczęściej z ryżu lub z sorgo.[1] Nie widzę więc lepszego odpowiednika w języku polskim niż słowo „wódka" właśnie. Wyraz „wódka" jest dobrym przekładem

---

[1] *Baijiu* tłumaczone jest czasem na języki europejskie jako „białe wino", np. w menu wielu restauracji w Chinach, co jak się łatwo domyślić prowadzi do nieporozumień, jeżeli klient nie zna języka chińskiego, gdyż zamówiwszy białe wino dostaje czystą wódkę.

słowa 酒 (*jiu*) również dlatego, że w języku polskim „wód-ka" ma bardzo szeroki zakres znaczeniowy i obejmuje nie tylko wódkę „czystą", ale także wszelkiego rodzaju likiery, nalewki, koniak, whisk(e)y a nawet bimber – podobnie jak chińskie *jiu*, które obejmuje swym znaczeniem wszystkie alkohole (łącznie z piwem i nieszczęsnym winem[1]). Nie twierdzę rzecz jasna, iż każde *jiu* w dawnej poezji chińskiej to *baijiu*. Gama wódek chińskich jest bardzo szeroka (do bardzo popularnych należą również wódki ziołowe i wę-żówki), ale żadna z tychże wódek nie przypomina w niczym wina na tyle, aby móc ją nazwać winem.

Podobny problem występuje w przypadku słowa 車 (*ju* lub *che*), co dosłownie znaczy „pojazd." Podobnie jak słowo „alkohol" nie jest zbyt przyjazne językowi poezji, tak też słowo „pojazd" jest mało eleganckie i źle komponuje się w wierszu. Tłumacz musi więc zdecydować sam, jaką wersję wybrać: powóz, rydwan, wóz, fura czy może jeszcze inaczej.

Problem stanowią też tytuły urzędnicze, które nie dość że często nie mają odpowiedników ani w języku polskim, ani nawet we współczesnym języku chińskim, to w różnych okresach i pod rządami rożnych dynastii, ten sam termin mógł służyć na określenie różnych stanowisk i *vice-versa*. Polskich wersji tych tytułów nie należy więc uważać za oficjalne odpowiedniki.

Wiersze starałem się tłumaczyć tak, aby nie odsyłać Czytelnika zbyt często do przypisów – z marnym jednak czasami skutkiem, gdyż poeta często snuje aluzje do wydarzeń historyczno-politycznych zarówno tych zaczerp-niętych z własnego życiorysu jak i z zamierzchłej przeszło-

---

[1] Dla przykładu: 啤酒 *pijiu* = piwo; 紅酒 *hongjiu*= wino czerwone; 白葡萄酒 *baiputaojiu* = wino białe. Niektóre alkohole nie zawierają w swej nazwie członu *jiu* np. 伏特加 (*futejia*), czyli nasza wódka „czysta", ale i one mogą być określane mianem *jiu*, bo *jiu* znaczy po prostu „alkohol."

ści. W takich przypadkach za nieodzowne uważałem poinformowanie Czytelnika, do czego się Tao Yuanming odnosi.

W wielu utworach udało się na szczęście uniknąć przypisu, dzięki spłyceniu metafory lub zastosowaniu innej przenośni czy metonimii. Na przykład podczas gdy w ostatnim z serii dwudziestu wierszy pt. *Przy wódce* w oryginale występują dwie postaci mityczne: Fu Xi i Shen Nong, w tłumaczeniu czytamy o „mędrcach prześwietnych." W tym samym wierszu poeta pisze również o „starcu z Lu (魯中叟)" – chodzi tu o Konfucjusza (który pochodził z państwa Lu), tak więc zrezygnowałem z tego zabiegu stylistycznego i w tłumaczeniu napisałem: „Stary Konfucjusz."

Dalej w tym samym utworze napotykamy na wers, który w dosłownym przekładzie brzmi: „Chociaż feniksy nie przybyły (鳳鳥雖不至)." Tak przetłumaczony wymagałby przypisu o tym, że pojawienie się feniksów (lub feniksa), było – jak głosi legenda – omenem zwiastującym nastanie dobrobytu i ładu społecznego. Zdecydowałem się rozwiązać tę metaforę w swoim przekładzie, pisząc: „Choć dobrobytu się zwiastun nie zjawił."

Podobnie w poemacie *Elegia dla samego siebie* występuje dwuwiersz:

奢侈宋臣，儉笑王孫

który przetłumaczyłem następująco:

W trumnie ozdoba nie potrzebna żadna
Lecz pogrzeb nago skromność to przesadna.

w bardziej dosłownym przekładzie brzmiałby on:

Trumna ministra z Song była zbyt ładna
Pogrzeb Wangsuna to skromność przesadna.

Wybrawszy drugą opcje, musiałbym dodać dwa obszerne przypisy, aby wyjaśnić o jakiego ministra z Song chodziło i dlaczego jego trumna była za ładna, oraz czemu Wangsun miał przesadnie skromny pogrzeb. Wybierając pierwszą wersje tłumaczenia, oszczędziłem Czytelnikowi dodatkowego kłopotu, jakim by zapewne było sięganie do objaśnień pod tekstem.

Niniejsza publikacja nie jest zbiorem wszystkich utworów Tao Yuanminga. Zamieściłem tutaj głównie jego wiersze (choć nie wszystkie)[1] oraz dwa poematy *fu*, które zawierają w sobie tak poezję jak i prozę poetycką. Pominąłem całkowicie prozę Tao Yuanminga *sensu stricte*.

Oprócz utworów Tao Yuanminga, zamieściłem też biografię poety, napisaną przez Xiao Tonga – młodo zmarłego niedoszłego cesarza Chin, twórcę jednej z najsłynniejszych antologii piśmiennictwa chińskiego zatytułowanej *Wybór tekstów*.

---

[1] Zrezygnowałem na przykład z lakonicznych wierszy poświęconych wielkim postaciom historycznym, jakie znajdują się w zbiorze *Czytając «Zapiski historyka»*. Pominąłem również te utwory, które zawierają dużą dawkę mitologii chińskiej jak na przykład zbiór *Czytając «Księgę gór i mórz»*.

O poecie

Tao Yuanming 陶淵明 (365–427) – znany też jako Tao Qian 陶潛 – należy do najwybitniejszych poetów chińskich, śmiem nawet twierdzić, iż był on największym poetą języka chińskiego przed okresem panowania dynastii Tang, choć niektórzy podnieśliby tu zapewne głos, wołając, że Qu Yuan[1] był większym od niego poetą; ale nie, Qu Yuan nie był większy – był wcześniejszy.

Jak zdecydowana większość inteligencji w dawnych Chinach, Tao był urzędnikiem. Takie życie nie odpowiadało mu jednak. Postanowił więc porzucić miejski gwar i państwową posadę, aby osiąść na wsi w okolicach Jiujiangu – miasta leżącego (wg obecnego podziału administracyjnego) na północy prowincji Jiangxi.

Obszar ten po dziś dzień jest jednym z ładniejszych krajobrazowo rejonów Chin, nie rozwinął się tam bowiem jeszcze na wielką skalę przemysł przetwórczy, a ludność utrzymuje się głównie z rolnictwa (przede wszystkim z uprawy bawełny) oraz kopalnictwa odkrywkowego kamieni. Tam też znajduje się jeden z najsławniejszych w Chinach masywów górskich: Lushan, do którego nawiązuje Tao Yuanming w swych utworach nazywając go Południową Górą, czy też Południowymi Górami.[1]

Sam poeta nie stronił od alkoholu, który sam pędził, bądź w inny sposób nabywał. Nie był on z resztą jedynym chińskim poetą, który zapisał się w historii jako bard od butelki: jego wiernym – w tym względzie – naśladowcą był

---

[1] Qu Yuan (ok. 340–278 r. p. n. e.) poeta chiński okresu Zhou, pochodził z państwa Chu. Jego wiersze znaleźć można w zbiorze *Pieśni z Chu*.

[1] W klasycznym języku chińskim nie występuje forma liczby mnogiej, a więc do tłumacza należy wybór formy w języku docelowym, wymagającym określenia się co do liczby rzeczownika – a takim jest język polski.

Li Bo,[1] żyjący kilkaset lat po śmierci Tao Qiana. Na temat Li Bo krąży nawet anegdota, że będąc pijany utopił się, chcąc objąć odbicie księżyca w jeziorze. Tao Yuanming nie doczekał się takich rewelacji na swój temat – może dlatego, że był pustelnikiem w odróżnieniu od Li Bo, który był hulaką i częstym bywalcem na cesarskim dworze.

Okres w którym przyszło żyć panu Tao, to wyjątkowy czas w historii Chin. Cesarstwo Chińskie rządzone przez dynastię Han[1] legło w gruzach ponad sto lat przed narodzeniem poety. Państwo rozpadło się na trzy rywalizujące ze sobą kraje. Po kilku dekadach walk doszło ponownie do zjednoczenia pod wodzą dynastii Jin,[1] ale okres jedności nie trwał zbyt długo i Chiny ponownie się rozpadły, doszło do wyraźnego podziału między południem a północą. Sytuacja zarówno polityczna jak i gospodarcza była niestabilna, co sprzyjało wszelkiego typu przekupstwom, oszustwom i podstępnym knowaniom zarówno w łonie administracji rządowej jak i wśród kupców. Tao Qian, nie przystosowany do życia w wilczym stadzie, pojął beznadzieję swej sytuacji i oddalił się od świata, by zamieszkać na wsi.

Te burzliwe politycznie czasy były również świadkiem nasilenia się wpływów buddyzmu, który pojawił się już pod koniec rządów dynastii Han. Dzięki znacznym podobieństwom co niektórych pojęć buddyjskich do niezwiązanych z nimi pierwotnie pojęć taoistycznych, obie filozofie (czy też religie) zaczęły się wzajemnie przenikać. W wierszach Tao Yuanminga widać już delikatne wpływy tejże wymiany kulturowej, jaka zachodziła na ziemiach chińskich w owym czasie – tu i ówdzie polemizuje on z buddyjskimi doktrynami. Podobno zaproponowano mu nawet wstąpienie do klasztoru buddyjskiego, na co Tao

---

[1] Li Bo (701–762 r. n. e.) znany też jako Li Bai, Li (T'ai) Po, czy też – w wersji japońskiej – Rihaku.
[1] Dynastia Han panowała w latach od 206 r. p. n. e. do 220 r. n. e.
[1] Dynastia Han panowała w latach 265–420 r. n. e.

Yuanming się zgodził pod warunkiem, że będzie mógł pić. Jego warunek został spełniony, ale sam poeta nie zabawił zbyt długo wśród mnichów.

Tao Qianowi, wychowanemu w tradycji konfucjańskiej, nie obce były silnie przyziemne doktryny Konfucjusza – Wielkiego Nauczyciela – które również wplata między swoje słowa.

W niektórych utworach Tao Yuanming krytykuje zarówno taoistyczne jak i buddyjskie wizje sprawiedliwości czy też bytowania duszy po śmierci ciała.

O kalendarzu

Obecnie Chińczycy liczą czas stosując kalendarz gregoriański oraz umowną datę narodzin Chrystusa jako punkt odniesienia. Wyjątek stanowią jednak tradycyjne święta chińskie, które są datowane według kalendarza księżycowego. Wielu Chińczyków obchodzi też swoje urodziny według kalendarza księżycowego, choć oficjalnie w dokumentach stosuje się kalendarz gregoriański do zapisu dat urodzin. W Republice Chińskiej, czyli obecnie z grubsza rzecz biorąc na Tajwanie, jako punkt podziału er oprócz daty narodzin Chrystusa stosuję się rok powstania republiki,[1] czyli 1912. Tak więc 2007 r. n. e. to 96 rok republiki. W starożytnych Chinach nie stosowano oczywiście naszego kalendarza, a sposobów liczenia upływu lat i datowania wydarzeń historycznych było kilka. Do najpopularniejszych należały: wykorzystanie okresu panowania władców jako punktu odniesienia oraz system tzw. Niebiańskich Pni i Ziemskich Gałęzi. Tao Yuanming stosuje te dwie metody w swoich utworach, warto więc przybliżyć Czytelnikowi nieco ich zasady.

W przypadku wykorzystania okresu panowania władcy, Chińczycy mieli do wykorzystania dwie możliwości, pierwszą z nich było podanie, że dane zdarzenie zaszło w tym a w tym roku panowania tego a tego władcy. Od pewnego momentu jednak w historii Chin pojawił się drugi sposób datowania wydarzeń, gdy władcy zaczęli przyjmować tzw. ery panowania, zwane po chińsku *nianhao* (年號), co można by dosłownie przetłumaczyć jako „przydomki roku." Jeden władca, mógł ogłosić nową erę panowania kilka razy podczas swoich rządów, tak więc ery panowania nie były zawsze tożsame z okresem zasiadania owego władcy na tronie. Dla przykładu rok 457 n. e. był pierw-

---

[1] Choć taki sposób datowania jest coraz rzadziej spotykany.

szym rokiem ery Daming, ale jednocześnie czwartym rokiem panowania cesarza Xiaowu z dynastii Liu-Song, gdyż pierwsze trzy lata jego panowania należą to ery o nazwie Xiaojian.

Mniej przejrzystym sposobem datowania jest system Niebiańskich Pni i Ziemskich Gałęzi. System ten wykorzystuje dwa zbiory symboli, z których jeden nazywa się Niebiańskimi Pniami i liczy 10 elementów, a drugi zbiór to Ziemskie Gałęzie i składa się z 12 elementów. Elementy te są ułożone w ściśle określonym i niezmiennym porządku. Datowanie polega na nazywaniu poszczególnych lat za pomocą zestawienia dwu symboli – po jednym z każdej grupy, przy założeniu że symbole parzyste łączą się w pary z parzystymi, a nieparzyste z nieparzystymi. Np. pierwszy element Ziemskich Gałęzi może się łączyć z pierwszym, trzecim, piątym, itd. elementem Niebiańskich Pni, ale nie może się łączyć z drugim czy czwartym. Ponadto pierwszą pozycję w parze zawsze zajmuje Niebiański Pień. W taki sposób uzyskujemy 60 wariacji. Łatwo zauważyć, iż co 60 lat cykl powtarza się i latom nadawana jest ta sama nazwa – najczęściej w celu sprecyzowania daty podaje się wtedy za jakiego władcy dany rok wystąpił.

Dla przykładu w chwili pisania tego tekstu mieliśmy rok 2007 czyli rok *ding-hai*. Jednak jako że w Chinach nie ma już cesarzy, nie sposób nazwę tę sprecyzować – na szczęście system ten nie jest już oficjalnie stosowany. Ziemskim Gałęziom przyporządkowane są też znaki chińskiego zodiaku: i tak gałęzi *hai* przyporządkowana jest świnia, rok 2007 był więc rokiem świni.[1]

---

[1] Należy pamiętać, iż system ten opierał się na kalendarzu księżycowym, a nowy rok księżycowy nie jest zbieżny z gregoriańskim początkiem roku. Chiński Nowy Rok występuje albo w styczniu albo w lutym kalendarza gregoriańskiego – dlatego też aby obliczyć rok gregoriański, należy wziąć to pod uwagę. Na przykład 7 lutego 2008 roku to 1. dzień 1. miesiąca księżycowego

Wprowadzenie – od tłumacza

Do chińskiego mędrca na emeryturze

Bimber samotnie w swej pijesz pustelni,
Nawet do lustra pić nie jest ci dane.
Rybę z jeziora smażysz na patelni,
O bambusową opierasz się ścianę.
Przyjaciół swoich wspominasz przy wódce,
Z którymiś młode w mieście spędził lata.
Gdy na jezioro wypływasz w swej łódce,
Nie tęsknisz wcale do wielkiego świata
Skały nad lichą się wznoszą chaciną
I chryzantemy kwitną u drzwi progu.
Gdy zmrok zapada, ty z wesołą miną
Czarkę przechylasz i zasypiasz w rogu.
Wielka twa mądrość i zacna niewiedza.
Wszyscy cię znają, mało kto odwiedza.

Mędrzec odpowiada

Stary już jestem i słaba ma głowa.
Brak mi zapału, a często i słowa.
Jeśli ze szlaków znaczonych ktoś zboczy,
Aby się ze mną spotkać w cztery oczy,
Radość to wielka dla siwego dziadka,
Nie często taka mu się trafia gratka.
Z twarzy twej poznać, żeś jest nie tutejszy.
Wybacz, że dom mój zda się nieco mniejszy
I nie tak ładny jak miejskie gospody,
Do których pewnie przywykłeś wygody.
Muszę doglądać swoje chryzantemy
I rybę złapać, co ją sobie zjemy.

---

czyli Chiński Nowy Rok, ale 7 lutego 2009 roku to 13. dzień 1.
miesiąca, a 7 lutego 2010 roku to 24. dzień 12. miesiąca

Mam kilka gęsto zapisanych desek:
Może wyczytasz coś z koślawych kresek.
Jak będzie problem, to służę pomocą;
Ale nie teraz, pogadamy nocą.

Do Czytelnika

Wieki od tamtej minęły już pory,
A i szmat drogi do wsi całkiem spory.
To co po tamtych zdarzeniach zostało,
Można w książeczkę jedną zebrać małą.

Tu bohaterów nie ma ni rycerzy,
Ni pięknych dziewic uwięzionych w wieży,
Prawd objawionych ni haseł z barykad.
Jest szum potoku i cykanie cykad.

Są górskie szczyty, co w obłokach toną;
Uczony wieśniak jest z dziećmi i z żoną;
Pola puszystą obsiane bawełną
I sąsiad z czarką zawsze wódki pełną.

Potok do dzisiaj choć już wolniej płynie
I biel bawełny ciągnie się w dolinie.
Las wciąż porasta gór niemrawych stoki
Jak dawniej w białe ubrane obłoki.

Ludzie jak niegdyś ciężką znoszą dolę:
Kamień szlifują, twarde orzą pole.
Rzeką znad morza zawijają statki,
Zabrać tkaniny albo kamień gładki.

I jak przed laty jedni się bogacą,
A inni żyją ubóstwem i pracą.
Jedni wysokie dzierżą stanowiska,
Dla innych mozół i zapłata niska.

Tak jest i było. Tak będzie niestety
W ojczyźnie chłopa, pijaka, poety.

Jarek Zawadzki

Tao Yuanming

Wiersze

Nieruchome obłoki

«Nieruchome obłoki» to wiersz o tęsknocie za przyjacielem. Świeży samogon buzuje w naczyniu i pierwsze pąki rozkwitają w ogrodzie. Tęsknię na próżno i wzdycham głęboko, aż łzy lecą.

Ciemne obłoki wiszą nieruchome
I deszcz wiosenny wolno kapie z nieba,
Mrok dookoła, wszystko pociemniało:
Na równej drodze już uważać trzeba.

Siedzę po cichu w izdebce od wschodu,
Za bimbru czarkę wiosennego łapię.
Jakżeś daleko, dobry przyjacielu!
Czekam bez końca i w głowę się drapię.

Wiszą obłoki ciemne, nieruchome,
Wiosenna z nieba wolno kapie mżawka,
Mrok dookoła, wszystko pociemniało,
Na równej drodze powstaje sadzawka.

Wódkę mam, wódkę. Wódkę z wolna piję,
Przy wschodnim siedząc mej izdebki oknie;
Tęsknię na próżno, wszak dzisiaj nie dotrze
Ni wóz, ni statek, bo przecież zamoknie.

A drzew gałęzie we wschodnim ogrodzie
Kwieciem się bujnym już całe okryły,
Więc z wesołości tej świeżej skorzystam,
Niech w ducha mego nowe wstąpią siły.

Wszak powiadają wszem i wobec ludzie,
Że lata lecą, a w miejscu nie stoją.
Jakże się spotkać, usiąść obok siebie,
I opowiadać każdy dolę swoją?

Lotem powabnym ptak się jakiś zjawia
I na gałęzi w mym podwórku siada.

Skrzydła zwinąwszy, piosenkę zaczyna:
Miła dobiega uszu serenada.

Jak to być może, że siedzę sam jeden,
Tęskniąc i myśląc o tobie tu stale
Nic się po myśli mej nie dzieje wcale.
Jakże ukoić mam dziś swoje żale?

Wędrówka pór roku

«Wędrówka pór roku» to wiersz o wędrówce w trzecim miesiącu kalendarza księżycowego. Kiedy szaty wiosenne już naszykowane, a krajobraz za oknem przepiękny, wyruszam w podróż, cień swój za kompana mając. Radosny nastrój i mnie się udziela.

Nic nie zatrzyma, pór roku wędrówki.
Piękna jutrzenka już budzi się nowa.
Wiosenne szaty czym prędzej zakładam,
Na wschód za miasto wyruszam bez słowa.

Góry obmyte w gęstej mgieł kąpieli,
Drobne obłoki unoszą się wszędy.
Ciepła przybywa od południa bryza:
Jej pomoc młode sobie cenią pędy.

Wodą po brzegi przystań wypełniona
Płucze i kąpie w potulnej się fali.
Im dłużej patrzę, tym milszy się zdaje
Widok radosny, co się snuje w dali.

Jakże nie wiele – powiadają ludzie –
Sercu prostemu do szczęścia potrzeba.
Czarkę otrząsam i, żalów nie pomnąc,
Kolejny wznoszę już toast do nieba.

W rzeki błękitny wpatruję się bezmiar.
Rzeka mi na myśl strumyk Yi przywodzi:[1]
Lekcję odbywszy tłumnie powracają
Z pieśnią na ustach znad strumyka młodzi.

---

[1] Zeng Dian, jeden z uczniów Konfucjusza, powiedział, iż końcem wiosny chciałby z dziećmi i młodzieżą obmyć się w strumyku Yi (podobno były tam gorące źródła), ochłodzić się przy ołtarzu deszczu (ołtarz ten był miejscem zacienionym dzięki drzewom) i ze śpiewem na ustach powrócić. Konfucjusz pochwalił go za to.

Ta ich beztroska jakże jest mi droga!
Tęsknię o zmierzchu za nią i o świcie.
Lecz tamte chwile nigdy nie powrócą,
Bo czasu przepaść dzieli nasze życie.

Całymi dniami od świtu do zmierzchu
Daje schronienie mi chata leciwa.
Kwiaty i zioła rosną równo w grządkach,
Sad bambusowy cieniem je okrywa.

Drewniana cytra w poprzek łóżka leży;
Wódki pół dzbana jeszcze w kącie stoi.
Nic nam świetlanej nie wróci przeszłości.
Wzdycham samotnie; nic mnie nie ukoi.

Kwitnące krzewy

*«Kwitnące krzewy» to wiersz, w którym myślę o tym,
że czeka mnie starość.*

*Dni i miesiące mijają nieubłaganie i oto znowu mamy
lato. Chociaż w młodości uczyłem się pilnie, to i tak na
starość do niczego w życiu nie dojdę.*

Bujnie dokoła rozkwitają krzewy,
Mocno korzenie zapuszczając swoje.
Błyszczą się cudne o poranku płatki;
Więdną, gdy noc swe otwiera podwoje.

Żywot nasz niczym tułaczka daleka,
Wcześniej czy później sił nam już nie stanie.
Kiedy tak w ciszy dziś o tym rozmyślam,
Ból czuję w sercu i rozczarowanie.

Bujnie dokoła rozkwitają krzewy,
Mocne korzenie zapuszczają knieje.
Barwne się kwiecie o poranku budzi;
Żal, że krzew każdy nocą pustoszeje.

Od nas zależy wiotkość i wytrwałość.
Szczęście i rozpacz do drzwi nie zapuka.
Cóż drogę wskaże, jeżeli nie zacność?
Co nas wspomoże, jeśli nie nauka?

Lecz jam niestety zaszczytów niegodzien,
Ciemnota we mnie siedzi uporczywa.
Lata mijają, a mądrości mojej
Tak jak nie było, tak i nie przybywa.

Chęci mi nie brak jeszcze ni zapału,
Ale przy wódce czas spędzam swój cały.
Przykrość to wielka, gdy sobie pomyślę,
Ubolewanie i smutek niemały.

Jakbym zapomnieć mógł Nauczyciela,
Który od wieków w te słowa nam rzecze:
„Gdyś w lat czterdzieści sławy nie dostąpił,
Nie masz się czego się obawiać człowiecze."[1]

Powóz oliwię, konia pejczem smagam;
Wiatr rozpędzony już czuję na twarzy.
Droga daleka, mil długie tysiące.
Lecz któż do celu nie dotrzeć się waży?

---

[1] Cytat z *Dialogów Konfucjańskich*.

Do księcia miasta Changsha

Książę miasta Changsha i ja mamy wspólnych przodków,
obaj pochodzimy od wielkiego generała i męża stanu.
Gałęzie naszego rodu dawno się jednak rozeszły i nie wiele
dziś mamy ze sobą wspólnego. Korzystając z okazji, iż Książę
przebywał w Xunyangu, na pożegnanie niniejszy mu wiersz
podarowałem.

Z jednego źródła kilka rzek wypływa.
Dalecy krewni, tak wiele nas dzieli.
Całymi dniami wzdychając rozmyślam,
Żeśmy początek w jednym mężu mieli.

Różne w rodzinach dziś naszych tradycje
I czasu dzieli nas połać niebłaha.
Wzrusza mnie bardzo wędrowiec z daleka,
By zostać tutaj może się zawaha.

Zacny kuzynie, wszakże dzięki tobie
Rodu naszego trwa wiecznie wiek złoty.
Twa osobowość jak słońca promyki.
Szlachetność twoja przecież jak klejnoty.

Już wiosną kwiaty zbierając pamiętasz,
Że szron jesienny zajrzy do ogrodu.
Pełen podziwu dla ciebie mój Panie
Z dumą cię zowię chlubą tego rodu.

No i przypadkiem tuśmy się spotkali.
Nie pamiętałem, żeśmy krewni wcale.
Ledwo dwa słowa z sobą zamienili,
A ty już w drogę ruszać gotów dalej.

Hen, hen daleko stąd miasta Hunanu.
Rwącym w Jiujiangu nurtem płynie rzeka.
Góry nas dzielić będą i doliny,
Lecz wieść przybędzie czasami z daleka.

Jakże wyrazić, co na sercu leży?
Słów kilka mogę darować ci teraz:
Po grudce sypiąc ziemi do koszyka,
W końcu na kopiec ogromny uzbierasz.

Zaraz odjedzie stąd świta książęca.
Aż do ulicy odprowadzam gości.
Może się spotkać nam więcej nie zdarzy,
Niechże zostaną chociaż wiadomości.

Odpowiedź dla pana Dinga, starosty powiatu Chaisang

Gościa dziś, gościa w swoich witam progach;
Przychodzi, siada i patrzy dokoła.
Wierny urzędnik, przełożonych sługa;
Szacunkiem wszystkie darzą go tu sioła.
Słucham jak nowin słów, co prawdę niosą;
Pięknych jak powrót w dom rodzinny zgoła.

Nie tylko miłe nas łączą rozmowy,
Lecz i podróże nie tak rzadkie wcale.
Raz to gadamy, raz to w dal patrzymy
I prędko swoje zapominam żale.

Radośnie czas nam przy spotkaniu mija;
Pijani śpimy, gdy się robi ciemno.
Czekam, aż wrócą ci chęci te same,
By w podroż jaką znowu ruszyć ze mną.

Do adiutanta Panga – odpowiedź

Pang jest adiutantem przy generale. Kiedy jako poseł
wysłany został z Jianglingu do stolicy, szlak jego wiódł
przez prefekturę Xunyang, gdzie dostałem od niego
w prezencie wiersz.

Drewniane drzwiczki mego strzegą progu,
W chacie mam cytrę, garść książek i tyle.
To strunę szarpnę, to coś tam zaśpiewam.
Wesoło spędzam wszystkie wolne chwile.

Czyżbym rozrywek innych nie posiadał?
Cieszy me serce żywot pustelniczy.
Rankiem podlewam swe kwiaty w ogrodzie.
Nocą zasypiam na słomianej pryczy.

A z rzeczy, które sobie cenią wszyscy,
Mnie chyba żadna nie zdaje się drogą.
Jeżeli wspólnych nie ma zamiłowań,
Jakże być ludzie sobie bliscy mogą?

Dobrych przyjaciół i szczerych szukając,
Ciebie w szczęśliwej byłem poznał chwili.
Wesołość w sercach i wielka harmonia.
Żebyśmy tylko sąsiadami byli!

Mój przyjacielu, kumie mój serdeczny,
Szlachetną jesteś i skrzętną osobą.
Mam ja ci tutaj dzbanek przedniej wódki,
Który bym teraz podzielić chciał z tobą.

Na pogawędce miło czas upływa,
Przyjemnie nowe się układa wiersze.
Gdy cię nie widzę choć jeden dzień tylko,
Ku tobie myśli kieruję najszczersze.

Jeszcześmy sobą się nie nacieszyli,
A tu rozłąki już chwila niemiła;

Więc odprowadzam cię aż do ulicy –
Już nawet wódka dla mnie smak straciła.

Tęskni za tobą dawna Chu stolica.[1]
Hen gdzieś daleko obłoki wiatr pieści.
W odległe, bracie, udajesz się strony –
Jakże posłyszeć przyjdzie dobre wieści?

Kiedy się ongiś nam rozstać tak przyszło,
Wilgi śpiewały nad pobliskim brzegiem.
A teraz kiedy widzimy się znowu,
Świat już drobniutkim pokrywa się śniegiem.

Wielki monarcha ci rozkaz wydaje,
Byś do stolicy wyruszył dziś, woju.
Czyżbyś zapomniał, że odpocząć trzeba?
Kto służy władcy, ten nie zna spokoju.

Ponure słońce chłodnym darzy blaskiem
I wicher mroźny smaga nas po brodzie.
Widzę jak łódki, kołysząc się z lekka,
Dryfują wolno po ospałej wodzie.

Naprzód wędrowcze! W podroż wyruszając,
Myśl tylko o tym, jaki koniec będzie.
O każdej porze miej się na baczności
I dbaj o siebie, gdzie byś nie był – wszędzie.

---

[1] Miasto Jiangling, do którego udaje się Pang, było stolicą
starożytnego państwa Chu.

Namawiam do uprawy roli

Dawnymi czasy w odległej przeszłości,
Gdy zamieszkiwać począł człowiek ziemię,
W zgodzie z naturą ludzie żyli prości
I samo każde żywiło się plemię.

Pędy mądrości kiełkować zaczęły,
Gdy nie starczało dóbr ziemskich na długo.
Któż więc nakarmił ludzi i napoił?
Mędrca wielkiego było to zasługą.

Któż był tym Mędrcem i jak się nazywał?
To Houji ludzką był odmienił dolę.
Jakim sposobem? Cóż to był uczynił?
W pół się pochylił i zaorał pole.

Shun własnoręcznie swą uprawiał ziemię
Yu również orał i sam zbierał plony.
Wśród zadań władcy – w *Księdze Zhou* – żywności
Najwyższy jest priorytet wyznaczony.[1]

Tak miłe uszom dokoła szemranie,
Tak miłe oczom dokoła widoki.
Zboża i krzewy bujnie rozkwitają,
Wiatr je łagodny kołysze na boki.

Wszyscy mężczyźni tak jak i kobiety
Z mozołem pracę wykonują swoją.
Panie przed świtem doglądają morwy,[1]
Panowie nocą jeszcze w polu stoją.

Płynie czas, pory się roku zmieniają,
Krótko trwa lato, wiosna też niedługa.
Jijue miał tedy do pomocy żonę,
Zhangju i Jieni razem szli do pługa.[1]

---

[1] Houji, Shun i Yu to mityczne postaci, dobrze znane każdemu Chińczykowi.
[1] Liśćmi morwowymi żywią się jedwabniki.

Popatrzcie sami, jak owi herosi
Orali morgi swoje pracowicie.
Jak to możliwe by z założonymi
Rękoma ludzie szli dzisiaj przez życie!

W pracowitości natura człowiecza.
To pracowitość nas chroni od biedy.
Kto całe życie beztrosko przehula,
Gdy starość przyjdzie, cóż on pocznie wtedy?

Gdy kto w spichlerzu ni krzty nie uchowa,
Mróz i głód wespół zawitają w chacie.
I co wy na to, moi przyjaciele?
Pomyślcie sami. Czy wstydu nie macie?

Konfucjusz cnotę miłował i prawość,
A więc pogardzał chłopem który orze.
Dong Zhongshu muzyką żył i księgami,[1]
Na polu więc nie bywał ni ugorze.

Jeśli się który nad przeciętność wzbije
I wysokimi podąży ścieżkami,
Uklęknę przed nim i czołem bić będę,
Bo święty mędrzec mieszka między nami.

---

[1] Postać Jijue jest wspomniana w kronice historycznej
pt. *Komentarze pana Zuo*; o Zhangju i Jieni mowa jest w *Dialogach Konfucjańskich* .
[1] Jeden z największych myślicieli chińskich.

Pouczenia dla syna

Ród nasz od władców się dawnych wywodzi.
Tao Tang nasz przodek tron obcym powierzył,[1]
Syna swojego gościem dworu czyniąc.
Wieki już całe klan w świetności przeżył.

Yu Long ofiarnie władcom Xia był służył,
Shi Wei dla Shangów pracował wytrwale,[1]
Inni na ziemskich siadali urzędach;
Dlatego ród nasz w wielkiej przetrwał chwale.

A kiedy nastał Czas Walczących Królestw,
Dynastia Zhou swą władzę utraciła.
Pochowały się po lasach feniksy.
W górach mieszkała pustelników siła.

Swawolne smoki buszowały w chmurach,
A wieloryby straszyły spod fali.
Aż wreszcie Niebo władców Han zesłało,[1]
Którzy przodkowi lenno Min nadali.

O znamienity lenna Min dzierżawco,
Szczęśliwie możnych chwyciłeś ramiona.
Z prędkością wichru dobywałeś miecza.
Tobie podobnych nikt dziś nie pokona.

Ziemię ci nadał cesarz we władanie,
Gdy na Kaifengu zwierzchnikiem obsadził.
Syn twój premierem na cesarskim dworze
Twoimi ślady zawsze się prowadził.

W przepastnym źródle wielkie szumią wody,
Piętrzy się dumnie pień mocny i stary.
Od źródła mnogie prowadzą strumyki,
Z pnia wyrastają rozliczne konary.

---

[1] Znany lepiej jako Yao – mityczny władca.
[1] Xia i Shang – starożytne dynastie chińskie.
[1] Dynastia Han – jedna z najważniejszych dynastii w historii Chin.

Raz blaski sławy, raz cień zapomnienia:
Los nami rządzi, nie ma na to rady.
Teraz dopiero się krewniak doczekał
W odległym Changsha książęcej posady.

Potężne Changsha i zacny w nim książę,
Co swą posługę zna i obyczaje.
Cesarz w nagrodę mu za służbę daje
Doglądać państwa południowe skraje.

Wrócił do domu, rozkaz wykonawszy.
W glorii zwycięstwa nie uniósł się pychą.
Ludzi tak mężnych i prawych jak książę
Trudno dziś znaleźć nawet garstkę lichą.

Dziad mój dostojnym był człekiem i prawym.
Co zaczął, skończył. Surowy jak skała.
Władcy na dworze sługą i w podróży,
A zacność jego setek mil sięgała.

Ojciec wytworny człowiek i życzliwy,
Co nic nie pragnie ani nie zazdrości.
Kolejom losu powierzył swe życie,
Nie okazując gniewu ni radości.

Jam was nie godzien, o światli przodkowie,
I nie potrafię ku wam unieść wzroku.
Wstyd mi, że włosy wszystkie posiwiały,
A ja nikogo wciąż nie mam przy boku.

Największym z grzechów przeciwko rodzicom
To zejść ze świata tego bezpotomnie.
W wielkim zmartwieniu więc długo bolałem,
Aż nagle płacz ten się rozległ koło mnie.

Wyrocznia mówi, że to dzień pomyślny.
W szczęśliwej chwili się zrodził potomek.
Yan ci na imię będzie – Powściągliwy;
A Rządny Myśli – Qiusi – twój przydomek.

Znajże szacunek i uprzejmość chłopcze,
Wiedz, że to radość wielką sprawi tacie.
Wnuk Konfucjusza, Kong Ji, twoim wzorem:
Obaj przydomki wszak podobne macie.[1]

Gdy trędowata w noc ciemną powije
Rozpala ogień, by obejrzeć dziecię.[1]
Czemu ja tylko miałbym tak postąpić?
Wszak najzwyklejszy to odruch na świecie.

I tak cię widząc z nadzieją błagałem:
„Świetlaną przyszłość daj mu Ślepy Losie"
Inni podobnie sukcesów życzyli,
Ani krzty fałszu nie było w ich głosie.

Dni i miesiące mijają, mijają.
I na młodzieńca wnet dziecko wyrośnie.
W życiu nie trudno o jakieś nieszczęście.
Trudno by każdy dzień spędzić radośnie.

Wstawaj o świcie, kładź się spać o zmierzchu.
Do wielkich rzeczy ci w życiu dojść trzeba.
A jeśli rzeczy wielkich nie osiągniesz,
To trudno, taka widać wola nieba.

---

[1] Kong Ji nosił przydomek Si, czyli Myślący.
[1] By sprawdzić czy nie jest trędowate. Poeta nawiązuje tutaj
do wzmianki o takim porodzie w *Prawdziwej księdze południowego
kwiatu*, za autora której uważany jest Zhuang Zi.

Powracające ptaki

Lecą już, lecą, powracają ptaki.
Las opuszczają jeszcze snem spowity.
Daleko – gnają aż na kraniec świata.
Blisko – zajmują mgłą owiane szczyty.

Gdy wiatr wiosenny ich lotom nie sprzyja,
Do woli z tego korzystają czasu,
Tulą się w parach i razem śpiewają.
Dobrze schowane pośród cieni lasu.

Lecą już, lecą, powracają ptaki.
Szybują prosto, zataczają koła,
Chociaż im w podróż wcale spieszno nie jest –
Las je spokojny nieustannie woła.

Pną się ku chmurom, to ku ziemi fruną.
Przy wspólnym ptaki powracają śpiewie.
Daleka droga przed nimi a one
Pragną jedynie gdzieś przysiąść na drzewie.

Lecą już, lecą, powracają ptaki.
U skraju lasu szybują radośnie.
Gdzie im tam w głowie wędrówki po niebie,
Kiedy na starej wolą przysiąść sośnie.

I choćby jaki swoją parę stracił,
To śpiewa dalej z innymi do wtóru.
Za dnia i w nocy miła atmosfera.
Każdy wśród tego szczęśliwy jest chóru.

Lecą już, lecą powracają ptaki.
Każdy swe skrzydła tuli zaziębiony.
W podróży nigdy się z sobą nie czubią.
W noc wylegają na drzew tych korony.

Poranna bryza już ze snu się budzi.
Śpiewem przemiłym witają się ptaki.

Na co tu strzały z jedwabnym ogonem?[1]
Odpocząć! Po co wysiłek aż taki.

---

[1] Strzały z przywiązanym do nich sznurkiem używane były podczas polowania na ptaki, zapewne po to, aby łatwiej wśród zarośli odszukać upolowaną zdobycz.

Ciało, cień i duch

Czy kto bogaty czy biedny, mądry czy głupi, nie ma wśród ludzi takiego, co by życia swego nie cenił. Sam też często o tym rozmyślam. Dlatego, najlepiej jak tylko potrafię, wypisałem tutaj ciała i cienia niedolę oraz wyjaśnienie, jakiego im duch, przez wzgląd na swoją naturę, udziela. Ci zacni Czytelnicy, którym trud nie straszny, odnajdą tu sedno tej sprawy.

Ciało do Cienia

Niebo i ziemia trwają bez ustanku.
Góry i rzeki nie mijają z czasem.
Drzewa i trawy istnieją niezmienne.
Szron je i rosa swym kryją atłasem.

Z trójcy tej Człowiek najmądrzejszy ponoć,[1]
Choć wcale nie jest taki sam jak one.
Widziałom dzisiaj jak nagle ktoś odszedł,
Skąd nikt nie wraca, gdzie wszystko skończone.

Kto się spostrzeże, że brakło jednego,
I jakże bliskim go pamiętać będzie?
Smutna łza w oku zakręci się nieraz:
Pamiątki po nim przecież widać wszędzie.

Nadprzyrodzonych sił ja nie posiadam.
Dumać na próżno – wiem, że żywot krótki.
Słów mych wysłuchaj drogi przyjacielu;
I póki możesz, nie odmawiaj wódki.

Cień odpowiada ciału

O wiecznym życiu nie warto rozmawiać,
Bo źle się kończą wielu śmiałków próby.

---

[1] Trójca ta to: Niebo, Ziemia i Człowiek

Ten kto po rajskich chce stokach wędrować,
Zaprawdę bliski jest ci swojej zguby.
Jak długie lata jesteśmy ze sobą,
Te same smutki mamy i radości.
Czasem się w miejscu ciemnym rozejdziemy,
By znów się spotkać tam, gdzie słońce gości.

Lecz nie będziemy razem po wsze czasy.
O, przyjdzie, przyjdzie czas rozłąki jeszcze.
Gdy zbraknie ciała, po mnie słuch zaginie.
Gdy o tym myślę, zimne czuję dreszcze.

Dobroć nieś ludziom i miłość daj w spadku,
Temu poświęcaj swoje wszystkie siły.
Mówią, że wódka koi żal i smutek.
Dobroć i miłość lepsze, bracie miły.

Duch wyjaśnia

Wielki Rzemieślnik nie dba o swe dzieci
I własnym życiem krocie stworzeń żyją.
Niebu i Ziemi Człowiek równy rangą;
Jeśli nie mą to zasługą, to czyją?

Chociaż różnymi jesteśmy bytami,
Razem żyjemy – dobrze wiecie sami.
Wspólne nam smutki wszystkie i radości.
Czemuż więc miałbym coś skrywać przed wami?

Władcy przeszłości, wielcy i wspaniali,
Gdzież pochowane są dzisiaj ich ciała?
Za wiecznym życiem Peng Zu ciągle gonił,
Lecz mu się sztuka owa nie udała.

Starych i młodych śmierć ta sama czeka;
Mądrych i głupich nikt nie zliczy rzeszy.
Można się upić, by nic nie pamiętać,
Ale czyż wódka śmierci nie przyśpieszy?

Szczęśliwi, którzy dobroć ludziom niosą.
Kto tam godności wasze powymienia?
Długie myślenie tylko życiu szkodzi.
Podążcie drogą swego przeznaczenia.

Niech was istnienia zmienne niosą fale,
Gdzie nie spotkacie szczęścia ani trwogi.
Gdy koniec przyjdzie, to i skończyć trzeba.
I tak być musi, innej nie ma drogi.

Słodka bezczynność w święto podwójnej dziewiątki[1]

Spędzam swój czas bezczynnie. Uwielbiam przy tym nazwę tego święta.[1] Jesienne chryzantemy wypełniają ogród, ale wódki skąd wziąć nie ma.
Dlatego zaparzę herbatę z chryzantem i myśli moje słowami przekaże.

Krótkie jest życie i choć troski pełne,
Ludziom do grobu nie spieszno jest wcale.
Gdy przyjdzie święto podwójnej dziewiątki,
To bardzo sobie jego nazwę chwalę.

Mieni się rosa, ucichł wiatr wieczorny,
Czyste powietrze i niebo bezchmurne.
Już po jaskółkach nie ma nawet śladu
I gęsi słychać gdzieś wołanie wtórne.

Wódka rozproszyć setki zmartwień może,
A chryzantemy przedłużają życie.
Jakże ja nędzarz mam siedzieć i patrzeć,
Jak czas przez palce wymyka się skrycie?

Wstyd pustej stągwi, że dzban zakurzony.
Próżno kwitniecie, dni jesiennych kwiaty!
Łach swój poprawiam i śpiewam do siebie.
Żalów mych strumień leje się bogaty.

---

[1] Owe święto przypada w dziewiątym dniu dziewiątego miesiąca kalendarza księżycowego, stąd też nazwa. W ten dzień istnieje zwyczaj wchodzenia na szczyty gór oraz tradycja podziwiania chryzantem. Jest to też święto ludzi starych.
[1] Tak się składa, że chińskie słowo „dziewiątka" (九 *jiu*) brzmi tak samo jak wyrazy „długo" (久 *jiu*) i „wódka" (酒 *jiu*). Nic więc dziwnego w tym, że poecie podoba się ta nazwa.

Przez czasu tyle sława i majątek
Nie zapukały jeszcze do mej chaty.

Powrót na wieś – pięć wierszy

Wiersz I

Od dziecka miejskich nie lubiłem tłumów,
Wolałem góry, gdzie ciszej, gdzie chłodniej.
W sieć urzędniczą wpadłem przez pomyłkę.
Już lat trzynaście jak uciekłem od niej.[1]

Za lasem tęskni ptak w klatce zamknięty,
O wód głębinach marzą ryby w stawie.
Urzędniczego nie nabywszy drygu,
Wróciłem ziemi się oddać uprawie.

Pola dwie morgi wokół chaty leżą,
Osiem izdebek w strzechą krytym kramie.
Wiązy i wierzby ogród cieniem kryją,
Śliwy, brzoskwinie rosną tuż przy bramie.

Zapadła wioska gdzieś na końcu świata,
Gdzie dymu blade unoszą się chmury.
Psy gdzieś w uliczkach co chwile szczekają,
Wśród drzew morwowych gdaczą jakieś kury.

Spokój i cisza w mojej pustej chacie.
Nikt nie zaśmieca mi jej miasta pyłem.
W cesarskim kojcu wytrzymać nie mogłem,
Toteż na łono natury wróciłem.

Wiersz II

Na wsi niewiele spraw do załatwienia.
W nędznych uliczkach rzadko widać konie.

---

[1] Niektóre źródła podają „lat trzydzieści", ale nie zgadza się to
z życiorysem poety.

Dni spędzam w chacie za drzwiczkami z chrustu.
Od myśli trudnych i problemów stronię.

Czasem ktoś przyjdzie do mojej zagrody,
Słomiane szaty rozepnie w ukropie.
Nie rozmawiamy o zawiłych sprawach,
Lecz jak uprawiać morwy i konopie.

Morwy, konopie rosną coraz wyżej;
Z dnia na dzień większe są też pola moje.
Ach, żeby mróz ich w niwecz nie obrócił,
Tego jedynie naprawdę się boję.

Wiersz III

Bób w cieniu Góry Południowej sadzę;
Traw mnóstwo, bobu gdzieniegdzie po trosze.
Rankiem wyruszam chwasty plewić w polu,
Nocą motykę do domu zanoszę.

Wąska ścieżyna bujnie zarośnięta.
Rosą wieczorną nasiąka ubranie.
Ja się mokrymi szatami nie martwię,
Niech tylko zadość się mej pracy stanie.

Wiersz IV

Od gór i jezior długo żyłem z dala.
Wielką radością jest znowu być blisko.
Synów i wnuki z sobą przyprowadzam,
Odnajdujemy wśród traw popielisko.

Ślepo błądzimy między kurhanami.
Tu żyli ludzie, patrzcie na mogiły:
Jeszcze po piecu i studni znać ślady.
Morw i bambusów resztki już pogniły.

Pytam więc starca, co chrust tutaj zbiera:
„Gdzie są ci ludzie, co tu niegdyś żyli?"
A ten mi na to w te słowa odpowie:

„Poumierali. Nie ma ich w tej chwili."
Co pokolenie plac targu przenoszą.[1]
Bardzo przysłowie to pasuje mi tu.
Dzikim przemianom poddane jest życie
I do pustego powraca niebytu.

Wiersz V

O lasce, smutny niczym na pogrzebie,
Wracam krętymi i znojnymi drogi.
Płytki i czysty płynie potok w żlebie.
Kiedy tam dotrę, obmyję w nim nogi.

Przecedzam bimber świeżo napędzony,
Kurczakiem dzisiaj ugoszczę sąsiada.
Robi się późno, rozpalę ognisko,
Bo świecy nie mam, a zmrok już zapada.
Dobrze, że jesteś; żal, że noc tak krótka:
Patrz, a jutrzenka już wita nas blada.

---

[1] Powszechnie znane w owych czasach powiedzenie.

Podróż ku Pochyłej Rzece

Piątego dnia pierwszego miesiąca roku xinchou[1] *pogodę mieliśmy ładną. Wiatr był łagodny a widoki piękne. Wraz z kilkoma sąsiadami wybrałem się nad rzekę, co to ją Pochyłą nazywają. Kiedy już tam dotarliśmy, oczom naszym ukazał się cudny widok na stoki góry Zengcheng. Karpie i leszcze skakały nad taflą wody o zmierzchu, a mewy, korzystając z ładnej pogody, fruwały swawolnie. Szczyty Lushanu, co je widać od południa, taką się sławą cieszą, że już wzdychać nie trzeba do nich więcej ani ich piękna opisywać. Masyw Zengcheng natomiast nie jest z żadnym łańcuchem górskim połączony, sam jeden wyrasta nagle z nadbrzeżnej wyżyny. Na myśl przyszła nam inna góra Zengcheng, co to się w górach Kunlun znajduje i przez to że taką samą mają nazwę, z jeszcze większym podziwem patrzyliśmy na tę tutaj górę. Nie wystarczyło nam samo jej podziwianie.*

Długo nie czekając, wiersze zaczęliśmy pisać; ubolewając przy tym, że czas nieubłaganie mija, a życie nasze coraz to skończenia bliższe. Dlatego też każdy z nas zapisał datę i miejsce swych urodzin oraz dzień tej podróży.

Nowego roku dzień już piąty mija.
Zda się, że życie coraz szybciej gaśnie.
Myślą dziś taką bardzo poruszony,
Wyruszam teraz na wędrówkę właśnie.

Dzień mamy ciepły i niebo bezchmurne,
Siadamy rzędem, tu gdzie strumyk płynie.
Leszcze w przejrzystym galopują nurcie,
Mewy śpiewają w spokojnej dolinie.

---

[1] Według naszego datowania: 401 r. n.e.

Po wód bezmiarze patrzymy, by potem
Ku Zengcheng unieść zamyślone czoła.
Choć mu do tego z gór Kunlun daleko,
Ten nie ma innych tu szczytów dokoła.

Za dzban więc chwytam i napełniam czarki,
A piją wszyscy, jako siedzą w rzędzie.
Gdy dzień ten piękny na zawsze przeminie,
Czy drugi taki nam darowan będzie?

Lekkom pijany, a duch mój daleko;
Troski, zmartwienia nie trzymają mię się.
Cieszmy się dzisiaj z pięknego poranka,
Nie dbając o to, co jutro przyniesie.

Do trzech panów: Zhou Xuzhi, Zu Qi oraz Xie Jingyi

Przyszła choroba pod strzechę zmurszałą.
Wytchnienia od niej nie mam ani chwili.
Gdy medyk igły i zioła odstawia,
Rozmyślam o was przyjaciele mili.
Jakże daleko jesteśmy od siebie.
Dlaczego taki nas dzieli szmat drogi?
Zhou, Konfucjusza podążyłeś śladem,[1]
Zu i Xie prędko doszli do załogi.

Nikt od tysiąca lat tak nie nauczał,
A dziś studenckie powraca znów życie.
Chociaż przy stajni nie łatwo się skupić,[1]
Wy błędy w księgach skrzętnie poprawicie.

A ja staruszek, jedno mam życzenie,
Byście przy mojej zamieszkali chacie.
Ja synów waszych z chęcią uczył będę.
Znój zapomnicie, jaki teraz znacie.

---

[1] Czyli został nauczycielem
[1] Szkoła, gdzie nauczali, miała się podobno znajdować tuż przy stajni wojskowej.

Żebrząc o strawę

Głód mnie nachodzi i z domu wygania.
Dokąd ja pójdę, gdy jestem już na dnie?
Idę tak, idę... aż do wsi zachodzę.
Tam w drzwi pukając, mamroczę nieskładnie.

Koi udrękę życzliwy gospodarz,
Bym się nie tułał po wsi nadaremno.
Wódki nalewa, ja haustem wychylam.
Gadamy... a tu już za oknem ciemno.

Ze znajomości tej nowej szczęśliwi,
Wiersze składamy, nucąc sobie przy tym.
Hojnyś jak ta, co Han Xina karmiła.
Mnie wstyd się równać z mężem znakomitym.[1]

Nie mam ja czym się odwdzięczyć ci przecie,
Chyba że kiedyś – gdzieś na tamtym świecie.

---

[1] Nijaka Piaomu uratowała od śmierci głodowej generała Han Xina, który, zostawszy królem lennym cesarza, sowicie jej się odwdzięczył.

Pod cyprysem u grobu rodziny Zhou – wspólna wędrówka

W dzień tak uroczy, ciepły i bezwietrzny,
Słyszę ton cytry i gra ktoś na flecie.
Wy, co leżycie tu pod cyprysami,
Czyż razem ze mną się nie radujcie?

Czyste się wkoło rozchodzi śpiewanie.
Pysznią się dzbany mej zielonej wódki.
Nie wiem i nie dbam co jutro przyniesie.
Wesoły, wszystkie zapomniałem smutki.

Do sekretarza Panga
i asystenta Denga – lament

Odległe niebios drogi i odludne.
Duchy, bogowie, daleko od świata.
Jak od dzieciństwa dobroć ludziom niosę,
Pięćdziesiąt cztery już mijają lata.

Młodzieńcem będąc, ciężkie miałem życie.
W trzydziestym roku, przyszedł pogrzeb żony.
Larwy motyli, jak ognia płomienie,
Pole zajęły, całe niszcząc plony.

Wiatry i deszcze smagały bez przerwy,
Że nawet snopka nie przyniosły żniwa.
W lata ukropie o pustym żołądku,
Zimą bez kołdry, kiedy noc dotkliwa.

Zmierzchem czekałem, kiedy kur zapieje.
Zachodu słońca czekałem o świcie.
Moja to wina, nie oskarżam niebios,
Że rozpacz tylko przynosi mi życie.

Ech tam! Zaszczyty pośmiertne i sława
Są mi jak obłok, co go wiatr rozdmucha.
Śpiewam gorliwie swoją pieśń rozpaczy,
Bo krąg przyjaciół chętnie śpiewu słucha.

Do adiutanta Panga – odpowiedź

Trzeci raz czytam, co od Ciebie dostałem i odłożyć nie mogę. Odkąd jesteśmy sąsiadami, dwie zimy już i wiosny dwie mijają. Kilka słów szczerej rozmowy i już byliśmy przyjaciółmi. Jest takie powiedzenie, że „częste spotkania ludzi zbliżają." Jak to się stało, że nam wystarczyła chwila. W życiu wiele spraw się nie po naszej myśli dziej; tak jak Ty teraz mi mówisz, że odjeżdżasz. Nie dziwię ja się księciu Yang,[1] że tak swą przeżywał tragedię. Wiele lat ostatnio chorowałem, więc też i pisać nie mogłem. Jeszcze nie wróciłem do pełni sił; im człowiek starszy tym i schorzeń więcej.

Ale jako że niegrzecznym było by żadnej Ci nie dać odpowiedzi, oto i wiersz, dzięki któremu, po naszym rozstaniu nie zapomnimy o sobie nawzajem.

Czyż wiele czasu by się poznać trzeba?
Nierzadko starczy chwila wzajemności.
Jest ktoś kto ceni me zamiłowania,
Często w mej chacie i ogródku gości.

Nie rozmawiamy o przyziemnych sprawach,
O sławnych tekstach gaworzy się mile.
Zdarzy się czasem kilka dzbanów wódki,
Z których radośnie czerpiemy co chwile.

Ja tu zaprawdę jak pustelnik żyję,
Z pracą w urzędzie nic mnie już nie łączy.
Rzecz – dobra nowa, a druh – lepszy stary.
Niech nam tusz czarny, nigdy się nie kończy.

Więź między nami setki mil pokona.
Rzek i gór bezmiar stóp ślady zatrzyma.

---

[1] Yang Zhu – postać ze zbioru esejów *Mistrzowie z Hainanu*. Yang rozpaczał nie tylko z powodu tego, iż czas mu było odejść, ale że nie wiedział, którędy się udać i co z sobą począć.

Dbaj tam o siebie w dalekiej podróży.
Gdy wrócisz, która to już będzie zima?

Do sekretarza Daia, pierwszego dnia piątego miesiąca – odpowiedź

Jak puste łodzie żwawo z nurtem płyną,
Tak czas swawolny i bezduszny mija.
Jeszcze nam dobrze się rok ten nie zaczął,
A do zenitu już słońce zawija.

Uschniętych łodyg pod oknem niewiele,
Bujna roślinność rozkwita po lesie.
Niebo nas deszczem w samą porę darzy,
Poranek bryzę pożądaną niesie.

Co się zaczyna, na pewno się skończy.
W pewności tego i człowiek się rodzi.
Żyję więc, kresu spokojnie czekając.
A żem jest biedny – no to co mi szkodzi?

Sukces i klęska nad życiem panują.
Kto się uniesie ponad ludzkie sprawy,
Od świata stroniąc wiecznej niepewności,
Piąć się nie musi już na szczyty sławy.

Codziennie pada, więc piję samotnie

Wszystko, co żyje, ku skończeniu bieży.
Nigdy się ludzie temu nie dziwili.
Podobno byli jacyś nieśmiertelni,
Lecz gdzie mi takich w tej to szukać chwili?

Stary przyjaciel dał wódkę w prezencie,
Mówiąc, że pić ją, by nie umrzeć, trzeba.
Po pierwszym łyku, ulatują troski;
Po drugiej czarce, nie pamiętam nieba.[1]

Jakżeby niebo nas opuścić mogło?
Nikt swej natury przecież nie pokona.
Garstka żurawi wysoko się wzbija,[1]
Lecz w końcu wraca z rubieży zmęczona.

Ja się natury zwyciężyć nie staram.
Już lat czterdzieści w jej żyję poręce.
Stare me kości, lecz duch jeszcze młody.
W zgodzie z nią jestem; co tu gadać więcej.

---

[1] Niebo jest utożsamiane z naturą.
[1] Żurawie są symbolem długowieczności.

Przeprowadzka – dwa wiersze

Wiersz I

Chaty nie lepsze w Południowej Wiosce,
Ale mieszkańcy tam zacni choć prości.
Od dawna chciałem się tam przeprowadzić,
By dni i noce móc spędzać w radości

Myślałem o tym całymi latami,
A dziś opuszczam swoją starą chatę.
Czy mi dużego mieszkania potrzeba?
Starczy mi łóżko mieć, dach, jakąś matę.

Czasem sąsiedzi w gościnę się zjawią,
By dawne dzieje omówić od nowa.
Wielkich pisarzy podziwiamy teksty,
Tłumacząc sobie co trudniejsze słowa.

Wiersz II

Wiosna przynosi dni pięknych bez liku.
Chodzę po górach, wierszy pełno w głowie.
Wyglądam z domu i przyjaciół wołam.
Gdy wódkę mamy, pijemy na zdrowie.

Jak w polu praca, każdy wrócić musi;
Ale powinność tę skończywszy całą,
Znów wychodzimy, by się z sobą spotkać.
Na pogawędkę zawsze czasu mało.

Czyż nie wspaniałe tutaj wiodę życie?
Po cóż opuszczać miał ja bym te strony?
Sam tu o szatę dbam swoją i strawę.
W polu pracując, byt mam zapewniony.

Odpowiedź dla pana Liu, starosty powiatu Chaisang

Z dawna mnie górskie wołały potoki,
Ale wahałem się jednak szmat czasu.
Nie potrafiłem wam drodzy powiedzieć,
Że mieszkać idę głęboko do lasu.

Kijem podparty wracam do swej chaty.
Świtem tak pięknym znów czuję się młody.
Nie ma nikogo na zmurszałej ścieżce;
Widać gdzieniegdzie ruiny zagrody.

Już chata strzechą słomianą pokryta.
Teraz mi pole przekopać należy.
Wiatry od wschodu coraz silniej wieją.
Głód i zmęczenie koi bimber świeży.

Łyk dobrej wódki na duchu podnosi,
Chociaż ta tutaj słaba jak dziewczyna.
Naglących w świecie problemów bez liku,
Których po latach już nikt nie wspomina.

Samemu pole się orze i sieje,
Samemu włóczkę na szaty się przędzie.
Czy czegoś więcej mi jeszcze potrzeba?
Kto po stu latach pamiętał mnie będzie.

W odpowiedzi na wiersz pana Liu, starosty powiatu Chaisang

Z dala od świata na odludziu żyję,
Nie słyszę wieści żadnych ni doniesień.
Liście w werandzie dnia pewnego widzę
I zaskoczony jestem, że już jesień.

Okra północną porasta mi ścianę,
Kryje się pole południowe kłosem.
Jeśli nie dzisiaj, to kiedy się cieszyć?
Kto wie czy jutro wygramy znów z losem?
Mówię do żony, aby dzieci brała:
Czas na wędrówkę za wiatru iść głosem.

Odpowiedź dla sekretarza Guo – dwa wiersze

Wiersz I

Cień letnią porą na mój próg rzucają
Bujną zielenią już pokryte drzewa.
Wiatr od południa jak co roku dmucha
I lichej bluzy mej poły rozwiewa.

Od świata stroniąc, rozerwę się nieco:
Pogram na cytrze lub poczytam może.
Ogród w zapachu niepojętym tonie,
A ja mam jeszcze zeszłoroczne zboże.

Tyle hoduję, co tylko dla siebie,
Na co luksusy potrzebne mi czyje?
Przyrządzam wódkę z łuskanego ryżu,
A kiedy wódka dojrzeje, to piję.

Malutki synek koło mnie się bawi;
Uczy się mówić – nic mu nie wychodzi.
Radość ogromna dziś we mnie wstępuje,
Myśli o zbytkach wszelakich odwodzi.

Hen na odległe spozieram obłoki.
Żal za przeszłością jakże jest głęboki.

Wiersz II

Wiosną na przemian deszcz i słońce włada.
Chłody i słoty przychodzą jesienią.
Rosa zamarza i mgły opadają.
Piękne widoki w oddali się mienią.

Góry i wzgórza swe szczyty unoszą.
Wszystko, gdzie spojrzę, zachwyca mnie wszędzie.
Chryzantem w lesie rozkwitają pąki.
Na wierchach sosny w długim stoją rzędzie.

Jakże urocza jest drzew tych postura,
Gdy oszronione wieńczą górskie spady.
Pijąc wspominam starych samotników;
Z dawna ich zacne wyznaję zasady.

Żyję ubogo, ale nie narzekam.
Tutaj w spokoju swoich dni doczekam.

Na przyjęciu pożegnalnym
u generała Wanga

Chłodne jesienne dni są i deszczowe,
A trawy wkoło uschnęły już blade.
Po oszronionych więc wspinam się schodach,
Na pożegnalną się stawić biesiadę.

Górskie jeziora siwy mróz pokrywa
I szybko gnają obłoki po niebie.
Gdzie by nie spojrzeć, dalekie wysepki
Wśród wód na wietrze wciąż stronią od siebie.

Wieczór się zbliża, zaczynamy ucztę.
Rozstania słowom rzewnym nie ma końca.
Ptaki poranne o zmierzchu wracają.
Bledną ostatnie już promyki słońca.

Nasze z waszymi rozchodzą się drogi;
Wóz nasz posępnie odjeżdża w swą stronę.
Spoglądam jeszcze na łódź, co w oddali.
Z czasem ulecą nam myśli stęsknione.

Pożegnanie pana Yina z Jin'anu

Pan Yin był asystentem sołtysa Południowej Wioski w Jin'anie, a mieszkał w Xunyangu. Później został adiutantem Ministra ds. Wojny i przeprowadził się na południe. Dla niego właśnie napisałem ten wiersz.

Znajomość nasza jeszcze nie tak długa;
Od pierwszej chwili dobrze nam ze sobą.
Kilka wieczorów razem przegadanych
I jeszcze lepiej rozumiem się z tobą.

Przeniosłem się do Południowej Wioski
I sąsiadami byliśmy przez chwile.
Nie rzadko ranek nam się z nocą mylił,
Kiedyśmy setną wędrowali milę.

Urząd, pustelnia – to dwie różne sprawy
I wiedzieć trzeba, kiedy czas na zmianę.
Ten czas dziś nadszedł, tej wiosny wyruszasz;
Już cię nie spotkam, gdy o świcie wstanę.

Dmą od zachodu wiatry nieustanne
I wiecznie chmury ku wschodowi płyną.
Hen za rzekami gdzieś tam i górami
Czyż słowa miłe prędko nie zaginą?

Tyś zdolny, świata unikać nie musisz.
Ja wieśniak jestem prosty i ubogi.
Jeśli przypadkiem zawitasz w te strony,
To nie zapomnij też wstąpić w me progi.

Do adiutanta Yanga

Adiutant generała Zuo, został wysłany
z misją do Qinchuanu. Napisałem dla niego ten wiersz.

Lata świetności dawno przeminęły,
Gdy na żywota wejść przyszło mi drogę.
Często rozmyślam o Żółtym Cesarzu,
Lecz przeszłość z kronik tylko wiedzieć mogę.

Mędrcy po sobie nie skąpili śladów:
W stolicy po nich wszak pamiątki liczne.
Czyżbym ochoty nie miał ich odwiedzić?
U brzegów rzeki patrole graniczne.[1]

Dzisiaj już kraj nasz cały zjednoczony,
Lecz ja niestety przykuty chorobą.
Powóz i łódkę, naszykować trzeba.
Idź przodem! Wybacz, że nie pójdę z tobą.

Jeśli przez Szczyty Shang przechodził będziesz,[1]
To poświeć chwilkę w mym imieniu na nie.
I spytaj mędrców, co się tam schronili,
Jakie ich duszy dzisiaj bytowanie.

Ach, któż tam dzisiaj lakownicę zbiera,
Chwasty już pewnie wyrosły w dolinie.
Kto wóz ma piękny, ten zmartwień zna wiele.
Biedak beztroski ma żywot jedynie.

Te same pieśni w naszych sercach grają
I tylko losu nas dzielą otchłanie.
Tyle pokoleń, a pamięć wciąż żywa.
Myśli wciąż grają, chociaż głos ustanie.

---

[1] W owym czasie Chiny przeżywały okres kilkuset lat rozbicia na
mniejsze i antagonistycznie do siebie nastawione państwa.
[1] W Górach Shang kilka wieków wcześniej schowali się sławni
mędrcy, którzy nie chcieli służyć podłemu ich zdaniem władcy.

Powrót na stare śmieci

Przed sześciu laty w Shangjingu mieszkałem,
A teraz znowu powracam w te strony.
Po tylu latach, kto by to pomyślał,
Że taki tutaj wrócę rozżalony.

Ścieżki te same, nic się nie zmieniły,
Choć chat znajomych jakoś dziwnie mało.
Obchodzę w koło swą nędzną chałupę:
Z sąsiadów starych nie wielu zostało.

Na każdym kroku dawnych szukam śladów;
Silne wzruszenie ogarnia mnie nieraz.
Wiosny, jesienie bez przerwy mijają.
Ileż tu dni się zgromadziło teraz.

Jak tu się nie bać tej Wielkiej Przemiany?
Kto wie... starości może nie dożyję?
Myśli te na bok na chwilę odkładam,
Wódki do czarki nalewam i piję.

Pożar – szóstego miesiąca roku *wu-shen*[1]

Marną chałupę przy nędznej mam ścieżce,
Nie imponują mi wozy bogate.
Raz w środku lata wiatr wielki się zerwał,
Ogień spustoszył mi ogród i chatę.

Dach cały spłonął, okap się nie ostał;
U drzwi mych progu mieszkać muszę w łodzi.
Długiej jesieni pierwsze dni nastają
I księżyc w pełni już na niebie wschodzi.

Ogród wśród warzyw i owoców tonie,
Boją się wracać ptaki wystraszone.
Nie śpię po nocach, bo długo rozmyślam
I niemo patrzę w każdą nieba stronę.

Ja od młodości własne ścieżki miałem,
Już lat czterdzieści jak mnie one wiodą.
Ku Wielkiej Zmianie me ciało się zbliża,
Lecz dusza moja wiecznie będzie młodą.

Twardszy niż głazy, niż nefryt wytrwalszy,
Jest ten kto trudy znosi i niedole.
Jakże mi tęskno za dawnymi czasy,
Gdy zboża bujne pokrywały pole.

Z pełnym żołądkiem, nie znając co troska,
Świtem pobudka i sen po zachodzie;
Lecz to minęło, dziś już nie te czasy.
Pójdę ja grządki podlewać w ogrodzie.

---

[1] Czyli 406 r. n. e.

Przy wódce – dwadzieścia wierszy

*W mojej chacie rozrywek nie wiele, a noce już coraz
dłuższe. Tak się jednak składa, że mam dobrą wódkę, pije
więc każdego wieczoru. A na swój cień patrząc, czarkę po
czarce do dna wychylam i ani się spostrzegę, a znów jestem
pijany. A jak się upiję, układam zdania ku własnej uciesze,
nie wyszukując słów ani nie redagując wcale.*

*Zebrało się już tego całkiem sporo, a zatem każę
przyjacielowi by je teraz spisał – tak dla zabawy tylko.*

Wiersz I

Nędza i chwała wieczne trwać nie mogą,
Bo nagłe zmiany są ich wciąż udziałem.
Pan Shao na polu uprawiał melony,
Choć na Donglingu był pierwej feudałem.

Upał się z mrozem nieustannie zmienia
I człowiek w przemian żyć musi udręce.
Kto prawidłowość tę zrozumieć zdoła,
Ten wątpliwości nie będzie miał więcej.

Czym prędzej napić się trzeba więc wódki,
By dni i nocy zapomnieć móc smutki.

Wiersz II

Ponoć nagroda za dobroć nas czeka –
Boyi i Shuqi czemuż zmarli z głodu?[1]

---

[1] Shuqi jako najstarszy syn władcy Kraju Samotnego Bambusa,
został wyznaczony przez ojca na następcę tronu, ale po śmierci
ojca zrzekł się władzy na rzecz młodszego brata Boyi. Ten nie
przyjął władzy, gdyż złamałby tym samym święty nakaz ojcowski.
Jeden i drugi postanowili upuścić kraj, w którym rządy objął ich
młodszy brat. Długi czas Shuqi i Boyi żyli razem uprawiając ziemię
w państwie Zhou. Po pewnym czasie, gdy kraj ich został podbity

Gdy nikt za dobro i zło nie odpłaca,
Czyż gadać o tym nie szkoda zachodu?

Ten starzec, co się sznurkiem w pół przepasał,
Jakiejż w młodości musiał doznać biedy;
Ale czy ktoś by dziś o nim pamiętał,
Gdyby w swej nędzy nie był wytrwał wtedy?[1]

Wiersz III

Człowiek swe dawno pogrzebał zasady,
Od lat tysiąca usycha w nim dusza.
Choć miałby wódkę, to pić jej mnie może,
Bo świat do walki o sławę go zmusza.

Dlaczego życia mam swego nie spędzić
Na tym co piękne i co mnie zachwyca?
Kto wie, jak długo żyć jeszcze mi dane?
Przeminę nagle – niczym błyskawica.

Leniwie długie sobie żyjąc lata,
Po co mi sława i zaszczyty świata?

Wiersz IV

Ptak niespokojny, co zgubił się stadu,
W dzień i o zmierzchu wciąż fruwa dokoła.
Tam i z powrotem, nie ma gdzie przycupnąć.
Nocą żałośnie wniebogłosy woła.

---

przez władcę Zhou, odmówili lojalności wobec nowej władzy
i porzuciwszy swą pracę umarli z głodu. Szlachetność ich czynu
polegała na tym, iż pozostali lojalni swemu ojcu oraz władzy
obalonej przez Zhou.

[1] W traktacie filozoficznym pt. *Liezi* znajdujemy historię, o tym jak to
mędrzec Lao-tsy spotyka radosnego starca, który mimo że żyje
w biedzie, to szczęśliwy jest z trzech powodów: 1) że jest
człowiekiem, 2) że jest mężczyzną i 3) że ma 90 lat. Dla niego trudy
żywota są czymś zgoła naturalnym. Nic go bardziej nie cieszy niż
proste życie i zwykła śmierć.

Śpiew jego smutny daleko się niesie,
Nuta pamięci w nim drga coraz głośniej.
Skrzydła podwija – do siebie powrócił –
I na samotnej oto siada sośnie.

Już wiatr jesienny liście z drzew pozrywał,
Jego się tylko wciąż szałas zieleni.
Dom swój odnalazł – on już miejsca tego
Na żadne inne nigdy nie zamieni.

Wiersz V

Choć między ludźmi postawiłem chatę,
Nie ma tu gwaru ani rżenia koni.
Pytasz dlaczego, a ja odpowiadam,
Że serce samo ciągnie do ustroni.

Dziś chryzantemy przy wschodnim rwąc płocie,
Patrzę ku szczytom Południowej Góry.[1]
Widzę, jak ptaki gromadnie wracają,
I jak się pięknią wokół stoków chmury.

To w nich natura prawdę wieczną chowa;
By ją opisać, nie znajduję słowa.

Wiersz VI

Czynów i postaw ogrom niezliczony;
Co złe, co dobre: któż z żywych oceni?
Kiedy się jeden głos sądu podniesie,
Wszyscy mu poklask biją zamroczeni.

Za dawnych czasów nie inaczej było;
Ale mężowie rozważni i dzielni,
W świecie zepsutym nie znajdując miejsca,
Często się w górskiej skrywali pustelni.

---

[1] Tak Tao Yuanming nazywał Wierchy Lushan.

Wiersz VII

Piękne są barwy chryzantem jesienią.
Zroszonych kwiatów w dom przynoszę pęki,
Parzę ich płatki w płynie zapomnienia,
Który uśmierzy me żale i lęki.

Choć w samotności tutaj dzisiaj piję,
Czarka po czarce, dno już widać w dzbanie.
Słońce zachodzi, zwierzynę sen morzy;
Ptasich powrotów słychać świergotanie.

Siedzę pod oknem, wyśpiewując dumnie.
Ech, tyle moje, nim nie złożą w trumnie.

Wiersz VIII

Zielona sosna we Wschodnim Ogrodzie,
Wokół niej trawa się bujna rozrosła.
Gdy szron zimowy wszelką zieleń niszczy,
Ona jedyna wciąż pnie się wyniosła.

Któż by ją dojrzał, gdyby w lesie stała?
Samotnej wdzięki podziwiać możemy.
Zawieszam dzbanek na chłodnej gałęzi
I w dal raz po raz wpatruję się niemy.

Przecież ja tutaj niczym we śnie żyję.
Po cóż przed światem uginać mam szyję?

Wiersz IX

Bladą jutrzenką do drzwi już ktoś puka.
Idę otworzyć, choć szaty w nieładzie.
Pytam się kto to, a tu wieśniak stary
W dobrej przychodzi intencji w zasadzie.

Z dzbanem w gościnę przybywa z daleka,
Sądząc, że jestem nieco zwariowany.

„To nie uchodzi, aby Pan pustelnik
Nędzną miał chatę i stare łachmany.

Dziś wszyscy wkoło jednym mówią głosem.
Dobrze, by Pan też z nurtem ruszył w drogę."
„Wdzięczny Wam jestem za miłe te słowa,
Ale się zgodzić z nimi to nie mogę.

Gdybym się ugiął i przywykł do uzdy,
Zgubiłbym siebie w tego świata cwale.
Wypijmy Bracie po jednym na zdrowie,
Bo ja tam wracać nie zamierzam wcale."

Wiersz X

Daleko niegdyś się tułać musiałem,
Nad oceanu dotarłem aż progi.
Wyczerpująca to podróż i długa.
Wicher złowieszczy okupował drogi.

Wydaje mi się, że to głód być musiał,
Co mię w tę podroż był posłał tułaczą.
Gdy myślisz tylko, jak tu brzuch napełnić,
Małe okruchy wiele wtedy znaczą.

Nie mnie się z dróg tych było zmagać pyłem:
Wóz zatrzymałem i na wieś wróciłem.

Wiersz XI

Yan życzliwości był uosobieniem,
Rong czystą prawość ukazał w człowieku.
Jeden żył w biedzie i umarł za młodu,
Drugi, głodując, doczekał się wieku.[1]

---

[1] Yan Hui – ulubiony uczeń Konfucjusza, zdolny i biedny, zmarł
młodo. Rong Qiqi – starzec o którym mowa również w 2. utworze
tej serii.

Chociaż zostało po nich imię sławne,
W ciężkiej swe życie spędzili niedoli.
Cóż tam po śmierci nam wiedzieć jest dane?
Lepiej z żywota korzystać do woli.

Wielkim jest ciało majątkiem za życia,
Który po śmierci nam przyjdzie porzucić.
Czyż źle, bym nago został pogrzebany?
Wszak do natury tak szybciej powrócić.

Wiersz XII

Zhang Zhi państwową otrzymał posadę,
Lecz służbę przerwał i to w wieku sile.
Zamknął się w domu i więcej nie wyszedł,
Mówiąc, że nigdy nie wróci i tyle.

Zhong Li nad wielkie powrócił jeziora,
Wtedy dopiero rozwinąć mógł skrzydła.
Raz urzędnikiem byłem i wystarczy.
Miałbym do pracy wracać, co mi zbrzydła?

Dajmy już spokój, szkoda słów i czasu.
Świat mnie w uliczkę nieraz wpuścił ciemną.
Przestańcie bzdury mi tu opowiadać;
Lepiej zrobicie, jak pójdziecie ze mną.

Wiersz XIII

Znam ja dwóch takich, co razem mieszkają,
Choć się od siebie różnią w każdej mierze:
Jeden bez przerwy pije ze swym cieniem,
A drugi wódki ni do ust nie bierze.

Pijany z trzeźwym śmieją się do siebie,
Jeden drugiego jednak nie rozumie;
Ten wie niewiele, a do tego głupi;
Tamten zaś dumny, dużo wie i umie.

Powiedźcie temu, co wesół przy wódce,
By świecy szukał, bo już wieczór wkrótce.

Wiersz XIV

Raźniej czas dzielić z dobrym przyjacielem.
Mata pod drzewem usłana wygodna.
Z dzbana do czarki nalewamy sobie
I już pijani pijemy znów do dna.

Tak mnie jak jemu już język się plącze,
Bośmy kolejek rachubę stracili.
Ja to nie czuję nawet, że istnieję.
Jak inne rzeczy w takiej wiedzieć chwili?

Znieść nie potrafię myśli o jej braku:
Wódka ma w sobie czar i pełnię smaku.

Wiersz XV

Biedna zagroda, rąk do pracy nie ma,
Chatę wokoło obrosły już krzaki;
Na pustej ścieżce stóp śladów nie widać,
Często jedynie zlatują się ptaki.

Wszechświat od wieków istnieje na wieki,
Gdy człowiek wiosen rzadko stu dożywa.
Czas mknie przed siebie, rok za rokiem goni;
Nim się obejrzysz, a tu grzywka siwa.

Jeślibym swojej nie rozumiał biedy,
O ileż bardziej ja bym cierpiał wtedy!

Wiersz XVI

Wielu znajomych nie miałem za młodu,
Z książką gadałem raczej niż z kolegą.
Tak oto lat już dożyłem czterdziestu,
Nie osiągając zupełnie niczego.

W końcu do swego przywykłem ubóstwa,
Do niedostatku opału i strawy.
Zniszczoną chatę wiatr zimny przenika,
W podwórku dzikie porosły już trawy.

W lichej koszuli długie spędzam noce,
A kur o świcie raczej nie zapieje.
Nie ma dziś mędrców takich jak Meng Gong.[1]
Któż moje troski pojmie i nadzieje?

Wiersz XVII

Rośnie w podwórzu piękna orchidea,
Na wiatr czekając, co jej woń poniesie;
A gdy przybywa wiatr niespodziewanie,
Ta dumnie ponad zwykłe trawy pnie się.

Zdarzyło mi się ze starej zejść drogi.
Któż się nie mylił, która z nich właściwa?
Błąd zrozumiawszy, na wieś powróciłem.
Kto łup ustrzeli, łuku się pozbywa.[1]

---

[1] Sławny pustelnik, żyjący za czasów dynastii Han.

[1] W kronice pt. *Zapiski Historyka* czytamy, iż Goujian, król państwa Yue, nakazał popełnić samobójstwo wysokiemu urzędnikowi o imieniu Fan Li – jednemu ze swoich doradców – po tym jak ów doradca przeniósł się do królestwa Qi, dopomógłszy najpierw Goujianowi podbić państwo Wu. Król uczynił tak za namową urzędnika, który zajął miejsce po Fanie na dworze królestwa Yue; napisał on do władcy list takiej treści: „Gdy ptak już ustrzelony, łuk należy schować; kiedy już dopadniemy chytrego zająca, psa gończego należy ugotować." Podobnie Liu Bang, założyciel dynastii Han, pokonawszy Xiang Yu – swego rywala do tronu – wydał rozkaz popełnienia samobójstwa najwybitniejszym ministrom. Według *Zapisków Historyka* jeden z nich przyjąwszy sznurek, rzekł: „Jak to powiadają: «Kiedy już dopadniemy chytrego zająca, psa gończego należy ugotować, gdy ptak już ustrzelony, łuk należy schować; a gdy wróg pokonany, minister musi umrzeć » . " Poecie chodzi zapewne o to, że władca wykorzystuje urzędników dla własnej korzyści, po czym, gdy są mu już niepotrzebni, pozbywa

Wiersz XVIII

Zi Yun od wódki bynajmniej nie stronił,
Lecz stać nie było go na trunek boski.
Czasem go dobrzy odwiedzali ludzie,
Przynosząc napój, co rozmywa troski.

A kiedy w dzbanie zabrakło już wódki,
Znał odpowiedzi na każde pytanie;
Czasami tylko głosu nie zabierał:
O ruchach wojska mówić nie był w stanie.

Bo swego serca słucha człowiek prawy;
Wie, które trzeba przemilczeć mu sprawy.

Wiersz XIX

Głód mnie był wielki niegdyś gnębił długo,
Przetom karierę zaczął od początku;
A że nie wiodło mi się na urzędzie,
W chłodzie mieszkałem o pustym żołądku.

Blisko trzydzieści wtedy lat już miałem,
Wstyd mi wypalał wielką w sercu ranę;
Postanowiłem, że na wieś powrócę
I aż do śmierci na tej wsi zostanę.

Wolno mijały cztery pory roku,
Aż lat dwanaście upłynęło błogo.
Długie i trudne tego świata ścieżki:
Yang Zhu nie wiedział, którą ruszyć drogą.[1]

Uczty nie zwołam – złota nie mam tyle,
Lecz dzbanek wódki na tę starczy chwilę.

---

się ich.

[1] Yang Zhu – postać ze zbioru esejów *Mistrzowie z Huainanu*. Yang
rozpaczał na rozdrożu, nie wiedząc którędy się udać i co z sobą
począć.

Wiersz XX

Dawno odeszli już mędrcy prześwietni,
Nie wielu dzisiaj z ich czerpie idei.
Że można świetność minioną przywrócić,
Stary Konfucjusz nie tracił nadziei.

Choć dobrobytu się zwiastun nie zjawił,
Czas mijał w zgodzie przy muzyce lutni.
A kiedy Mistrza pouczeń zabrakło,
Nastali wtedy władcy Qin okrutni.

Cóż zawiniły kroniki i wiersze,
Iż dnia pewnego spalone zostały?
Starzy uczeni księgi odtworzyli,
Szczerze doceniam ja ich trud niemały.[1]

Po tym jak Hanów upadło imperium,[1]
Nikt nie zagląda już do ksiąg, nie czyta.
Całymi dniami każdy naprzód pędzi,
A nikt o drogę właściwą nie spyta.

Jeślibym nie mógł się napić do woli,
Po co bym bimber pędził nadaremnie.[1]
Żałuję wszystkich nagadanych głupot.
Wybaczcie proszę, bo i pijak ze mnie.

---

[1] Pierwszy cesarz dynastii Qin, wydał rozkaz spalenia ksiąg filozoficznych i historycznych. Dzieła te odtworzono po rychłym upadku rzeczonej dynastii. Wiele ksiąg przetrwało jednak tę inkwizycję – niektóre wręcz w cesarskiej bibliotece. Nie chodziło bowiem o zniszczenie źródeł, ale o to, aby ograniczyć dostęp do nich. Podobnie jak obecnie ma się sprawa w przypadku cenzury Internetu, gdzie nie chodzi wcale o uniemożliwienie dostępu do pewnych materiałów, ale o ograniczenie tego dostępu – założone blokady można bowiem w łatwy sposób obejść.

[1] Dynastia Han rządziła imperium chińskim w latach od 206 r. p.n.e. do 220 r. n.e.

[1] W oryginale wers ten brzmi dosłownie: „Nadaremnie turban bym na głowie nosił (空負頭上巾)." Tao Yuanming miał w zwyczaju filtrować wódkę przez popelinowy turban.

Rzucam picie

Mieszkam ja na wsi nieopodal miasta,
Nikt mnie nie goni, sam tu rządzę sobie.
Kiedy się zmęczę, w cieniu drzew przysiadam
Albo w swej chacie, jeśli nic nie robię.

Pięknie w ogrodzie pachną słoneczniki.
Wielką mi radość sprawia syn malutki.
Często do dzbana zaglądam pełnego,
Bo źle mi, kiedy nie popijam wódki.

Zasnąć nie mogę, gdy się nie napiję.
Rankiem poprawiam, nim słońce wstać zdąży.
A gdy przychodzą dni bez wódki szare,
To krew mi w żyłach jakoś gorzej krąży.

Wiem jak mi źle jest, kiedy nic nie piję.
Nie wiem czy lepiej, bym trzeźwe wiódł życie.
Pojąłem jednak, że warto się wstrzymać.
Od dziś począwszy tak więc, rzucam picie.

I od tej pory więcej pił nie będę,
Nim rajskie przyjdzie mi oglądać strony.
Jeślibym dawną odzyskać mógł rześkość,
Czemu żyć miałbym lat tylko miliony?

Ganię swych synów

Stare i słabe me kości i ciało,
Spod siwych włosów nie widać już skroni.
Choć synów pięciu przy swoim mam boku,
Każdy od książki jak od ognia stroni.

A-Shu już wkrótce lat osiem miał będzie,
Ale w lenistwie go nie prześcigniecie.
A-Xuan niedługo lat piętnaście skończy,
Lecz czytać nie chce mi za nic na świecie.

Yong i Duan wiosen już mają trzynaście,
Siedmiu od sześciu żaden nie odróżnia.
Tong Zi lat dziewięć, lecz w głowie mu tylko
Śliwki, kasztany – a poza tym próżnia.

Jeślim od losu dostał tylko tyle,
To nie zaszkodzi, jak czarkę wychylę.

[Gdym niegdyś słuchał starców opowieści]

(Wiersz VI z «Wierszy Rozmaitych»)

Gdym niegdyś słuchał starców opowieści,
Nie mogłem zdzierżyć nudnej paplaniny.
Dziś lat pięćdziesiąt sam na karku mając,
Też mogę długie gaworzyć godziny.

Kiedy lat młodych wspominam uciechy,
Już nie znajduję w nich żadnej radości.
Na zawsze tamte przeminęły czasy,
Życie raz drugi w nich już nie zagości.

Na ile tylko mi bieda pozwala,
Dopóki żyje, to dogadzam sobie.
Synom żadnego nie zostawię spadku,
Bo co mi szkodzi, gdy sam będę w grobie.

Źródło Brzoskwiniowego Kwiatu

W okresie Taiyuan[1] za panowania dynastii Jin żył raz sobie rybak, co z Wulingu pochodził. Kiedy razu pewnego, płynąc potokiem, stracił orientację i drogę zgubił, zobaczył jak ni stąd ni zowąd po obu stronach potoku wyrósł przed nim brzoskwiniowy las długi na kilkaset kroków. Nie rosły tam inne drzewa niżli brzoskwiniowe. Trawa była jędrna i piękna, a na niej tu i ówdzie widniały opadłe z drzew prześliczne kwiaty brzoskwini. Rybak, bardzo tym zdziwiony, płynął dalej przed siebie, chcąc dotrzeć do końca tegoż lasu. Gdy tam dopłynął, ujrzał źródełko i górę. W zboczu góry widniał otwór, z którego biło jakieś światło. Przycumował więc łódkę i wszedł przez otwór do środka.

Z początku korytarz był bardzo wąski, miejsca w nim ledwie dla jednej starczało osoby. Kilkadziesiąt jeszcze przeszedł kroków, gdy nagle oczom jego ukazała się otwarta przestrzeń. Na płaskiej i rozległej równinie stały równomiernie rozstawione chałupy. Były tam i żyzne pola uprawne, ładne jeziora oraz liczne drzewa morwowe i bambusy. Miedze zbiegały się ze sobą, słychać było psów i kur odgłosy. Między tym wszystkich widać było siewców i oraczy, mężczyzn jak i kobiety, których szaty nie różniły się od tych, jakie noszą ludzie, poza tym miejscem żyjący. Starzy i młodzi, a wszyscy szczęśliwi.

Kiedy spostrzegli rybaka, bardzo ich jego obecność zaskoczyła. Spytali go skąd przybywa, a on im odpowiedział. Zaprosili go wtedy do domu, przyszykowali wódkę i kurę zabili, aby go dobrze ugościć. Kiedy się wieść rozeszła, że przybył taki do wioski, zeszli się wszyscy, aby go o różne sprawy wypytać. Sami od siebie powiedzieli mu, jak to ich przodkowie, uciekając przed zawieruchą czasów dynastii Qin,[1]

---

[1] Jedna z er panowania cesarza Xiaowu z dynastii Wschodniej Jin. Era ta trwała od 376 do 396 r. n. e.

wraz z żonami, dziećmi całą osadą przybyli do tego zakątka, nigdy go już nie opuszczając, przez co kontakt ze światem zewnętrznym stracili. Pytali go, jaka obecnie epoka. Nie mieli pojęcia o dynastii Han,[1] nie mówiąc już o Wei[2] czy Jin.[3] Rybak opowiedział więc wszystkim to o czym sam był słyszał, a wszyscy westchnęli. Wielu go jeszcze zapraszało do siebie w gościnę, wódką i jadłem częstując. Zabawił tam kilka dni, po czym pożegnał się i odszedł. W chwili rozstania mieszkańcy wioski powiedzieli mu, aby nikomu o tym nie rozpowiadał.

Kiedy ich opuścił, odnalazł swą łódkę i wrócił tą samą drogą, znacząc szlak, by tu jeszcze powrócić.

Dotarłszy do prefektury, udał się do prefekta i zdał mu relację, z tego co był zobaczył. Prefekt wysłał więc ludzi, aby się tam z nim udali. Rybak nie zdołał jednak odszukać znaków, które sam był zostawił i nie odnalazł drogi.

Był też wtedy w Nanyangu zacny jegomość, co się zwał Liu Ziji, co gdy o tym usłyszał, zachwycony wziął się do planowania podróży. Ale plany jego nie powiodły się, gdyż w niedługim czasie zachorował i zmarł. Potem nikt już więcej o drogę nie pytał.

Gdy władcy Qin niebiańskie złamali nakazy,
Ludzie zacni ucieczki szukali od świata.
Jedni w górach wysokich znaleźli schronienie,
Inni w głuszy na długie zaszyli się lata.[1]

---

[1] Dynastia Qin panowała w latach 221–207 r. p. n. e. Reżim ten zapisał się w historii Chin jako nadzwyczaj okrutny, przyrównywany przez niektórych historyków do faszyzmu.

[1] Dynastia Han panowała (z krotką przerwą) od 206 r. p. n. e. do 220 r. n. e.

[2] Dynastia Wei panowała nad częścią terytorium chińskiego (w okresie Trzech Królestw) w latach 220–265 r. n. e.

[3] Dynastia Jin panowała 265–420 r. n. e. Czyli za życia Tao Qiana Od 317 roku jej jurysdykcja nie obejmowała Chin północnych.

[1] Dynastia Qin uchodzi za najokrutniejszy okres w historii Chin. Reżim qingowski przyrównywany bywa często do faszyzmu.

Z czasem gęsto zarosły wszelkie po nich ślady,
Wąskie ścieżki już więcej nie znane nikomu.
Zwołują się włościanie, by pole zaorać.
O zmierzchu wszyscy zgodnie wracają do domu.

Drzewa morw i bambusy hojnie cień rzucają.
Właściwą porą wschodzą proso i fasola.
A wiosną jedwabniki długie nici przędą.
Nie ma tu podatków za plon zebrany z pola.

Zbiegają się tu ścieżki dawno zarośnięte.
Słychać kury gdaczące, słychać psów szczekanie.
Ludzie tu wciąż odwiecznym hołdują obrządkom.
Ich szaty przez lat tyle nie uległy zmianie.

Starzec kijem podparty wędruje szczęśliwy,
Młodzież w grupy się zbiera i piosenki śpiewa.
Ciepłą porą się trawy co roku zielenią.
Gdy wichrów czas nadchodzi, liść opada z drzewa.

Od dawna nie spisują tutaj kalendarzy,
Porami roku jednak czas płynący mierzą.
Pracując ciężko, szczęścia pod dostatkiem mają.
W żadne mądrości uczone nie wierzą.

Cuda te pochowane lat pięćset leżały,
Aż dnia pewnego widok odsłonił się boski;
Lecz na powrót się zaszył w niedostępnej głuszy,
Bowiem świat nasz zbyt wiele od tej dzieli wioski.

Chciałbym zapytać tych, co po tym błądzą świecie:
„Czy pozaziemskie jakie wam znane uroki?"
Ach gdybym ja na lekkim mógł unieść się wietrze,
To bym tej wioski szukał, lecąc przez obłoki.

Do domu w drogę, hej!

Bieda była w domu. To co z pola zebrałem, nie starczało mi na własny nawet użytek. Dzieci pełno w izbie, a w dzbanie prosa ani na lekarstwo. Nie miałem z czego żyć. Krewni i przyjaciele przekonywali mnie, abym został starostą.

Kiedyś nawet sam o tym pomyślałem, ale nie było takich możliwości.

Zdarzyło się jednak, że mnie w świat wysłano,[1] a w czas burzliwy miękną serca włodarzy. Stryj mój widząc, żem biedny, postarał się dla mnie o posadę w małym miasteczku. Czarne chmury nad krajem jeszcze zwisały wtedy, toteż strach mi było podjąć służbę tak daleko. Czterdzieści wiorst dzieliło Pengze od mojego domu. Zbiory z państwowego pola starczały jednak, by z nich wódkę pędzić, tak więc podjąłem się zadania.

Nie wiele minęło dni, jak naszły mnie myśli o powrocie. Dlaczego? Dlatego, że ze mnie prosty jest człowiek, nie potrafię przyjąć pozy wymuszonej. Nawet gdy chodzę głodny i zmarznięty, źle się czuję, robiąc coś w brew sobie.

Spróbowałem sił w świecie ludzkich spraw, tylko po to aby żołądek zapełnić. Dlatego żal mi bardzo i wstyd, że porzuciłem swoje ideały. Poczekałem więc jeszcze tylko, aż zboża dojrzeją i, wziąwszy co swoje, uciekłem pod osłoną nocy. Niedawno pochowano moja młodszą siostrę, która wyszła za Chenga, chciałem więc czym prędzej wyruszyć na jej grób – dlatego też porzuciłem posadę.

Od początku jesieni do zimy upłynęło osiemdziesiąt parę dni.

Skoro się sprawy po mojej potoczyły myśli, napisałem niniejszy tekst pod tytułem: «Do domu w drogę, hej!», dwunastego miesiąca roku yi-si.[1]

---

[1] Tao Qian wyruszył ku stolicy jako adiutant generała Liu Jingxuana
[1] Czyli 405 r. n .e.

Do domu w drogę, hej! Jak tu nie wracać, kiedy się
chwastem pokryły już pola. A odkąd ciała sługą duch mój
się ostał, wielka ma tęsknota i samemu zgotowana niedola.

Już zrozumiałem, że tego co było nie zmienię, a za tym
tylko, co przyszłość przynosi, podążać dziś muszę.
Błędnymi ścieżkami dalekom nie zaszedł. Źlem
postępował, teraz wiem, że dobrze zrobię, jak do domu
wyruszę.

Wznosząc się lekko, łódź się na fali kołysze; i wiatr silny
przeszywa odzienie. Pytam podróżnych o drogę przed
nami. Martwią mnie blade nad ranem są słońca promienie.

Uradowany się nagle zerwałem,
Gdym swoją chatę zobaczył z daleka.
Sługa nieletni wita mnie w pół drogi,
A syn na ojca u drzwi progu czeka.

Niewielkie ścieżki już dawno zarosły;
Są chryzantemy i sosny wciąż stoją.
Chwytam więc malca i ciągnę do izby,
By mi do czarki wódkę nalał moją.

Dzban do siebie przyciągam i sam jeden piję.
Na barw jesiennych wieniec patrząc przebogaty,
O południowe z dumą opieram się okno;
Zadowolony z takiej nawet małej chaty.

Z chęcią się po ogrodzie w dzień każdy przechadzam
I rzadko kiedy bramę podwórza otwieram.
O stary kij oparty odpoczywam długo.
Wzrok unoszę czasami, w siną dal spozieram.

Obłoki się bezwiednie zza gór wyłaniają,
Ptaki lotem zmęczone wracają radosne.
A gdy słońca promienie już bledną o zmierzchu,
To chodzę sobie w kółko, obejmując sosnę.

Do domu w drogę, hej! Niech mnie ze światem nic więcej nie łączy. Bo ja i on to dwie są sprzeczności. Niech się więc lepiej ma tułaczka skończy.

Lubię z krewnymi i domownikami serdeczne wieść rozmowy. Książkami i cytrą zwykłem rozwiewać tęsknoty. Ludzie ze wsi powiadają, że już wiosna idzie – na Zachodnim Polu dużo mnie czeka roboty.

Czasami biorę sobie wóz z plandeką,
Czasami zmagam się z wiosłami w łodzi.
Mogę krętymi płynąć potokami,
Dzikie bezdroże też mi nie zaszkodzi.

Pięknym się kwieciem kryją wokół drzew korony,
Wąskimi strumykami bije źródeł woda.
Zazdroszczę ja tej pory wszelkiemu stworzeniu,
Bo kres się życia mego zbliża już – a szkoda.

Dość już, wystarczy! Kto wie, jak długo jeszcze ma forma tępa we wszechświecie tym się gościć będzie? Dlaczego więc za głosem serca swego miałbym nie podążyć? Dokąd mi się śpieszy, czemu żyć mam w ciągłym pędzie?

Ja to nie pragnę żadnego bogactwa. Co mi tam pałac cesarski, ja u siebie mieszkać wolę; cudnym porankiem samotnie wędrować, czasem o laskę się oprzeć albo przekopać i wyplewić pole.

Mogę na wzgórek się wdrapać i przy potoku melodię zagwizdać, mogę patrząc na fale układać poema. Z naturą w zgodzie ku skończeniu zmierzam. Kiedy niebios się wypełnia wola, to się zastanawiać nad czym nie ma.

Elegia dla samego siebie

Dziewiąty mamy miesiąc roku *ding-mao.*[1] Zimne dni nastały, a noce coraz dłuższe i wiatr już ostry wiać zaczyna. Niedługo ziemską opuszczę już karczmę, by do wiecznego powrócić domostwa. Smutna jest dzisiaj mych przyjaciół mina, kiedy o zmierzchu przy mym boku zbierają się razem. Ryżem najlepszym częstować mnie raczą i przednią wódkę podają do picia. Chcą mnie zobaczyć, lecz twarz moja blednie; chcą mnie usłyszeć, lecz w moim głosie już coraz mniej życia.

Biada, oj, biada!

Bezkresna ziemia i wzniosłe niebiosa
Wciąż niestrudzone chodź podeszłe wiekiem.
Wszelkie stworzenie pośród nich się chowa.
Mnie się zdarzyło urodzić człowiekiem.

Od kiedy tylko na ten świat przyszedłem,
Bieda mnie mocno w uścisku swym trzyma;
Jadła nierzadko brakuje i picia;
Płócienne szaty zakładam, choć zima.

Z uśmiechem idę po wodę w dolinie;
Śpiewam, przynosząc garść chrustu niedużą;
A drzwi ze słomy ciemnej uplecione,
We dnie i w nocy od zawsze mi służą.

Wiosny mijają, jesienie przechodzą,
Polem i sadem zajmować się trzeba;
Chwasty wyplewić, ogródek przekopać,
By plon wydała okazały gleba.

Często i chętnie do książek zaglądam,
Czasem na cytrze sobie zagram może;

---

[1] Według naszego datowania: 427 r. n. e.

Zimą wygrzewam się w promieniach słońca,
Latem zaś w chłodnym się kąpię jeziorze.

Praca w niepamięć odsuwa zmartwienia,
Sercu i myślom odpoczynek niesie.
Nakazom losu zawsze wierny byłem
Na życia mego początku i kresie.

Od urodzenia aż do dni ostatnich
Wszyscy miłują swe jedyne życie;
W obawie przed tym, że im go nie starczy,
Dni swe spędzają bardzo pracowicie.

Skarbem istnienie każdy czyni swoje;
Być pamiętanym chce, gdy go zabraknie.
Inne są jednak ideały moje:
Nie pragnę tego, co tak wielu łaknie.

Chwała żadnego nie doda mi blasku,
Porażka hańbą także nie okryje.
Ja dumny jestem ze swej nędznej chaty;
Wiersze układam albo wódkę piję.

Któż z nas nie pragnie, któż nie myśli o tym,
By los zrozumieć, poznać wolę nieba?
Wielkiej Przemiany dla mnie czas nastaje,
Żalu nie czuję – martwic się nie trzeba.

Sto lat żyć mogę na swojej pustelni,
Sielskim widokiem ciesząc się uroczym.
W krok za starością kres niechybny bieży,
Bo tak być musi – tęsknić nie ma po czym.

Lata mijają, szybko płynie życie;
Gdy śmierć nastanie, wszystko się odmieni.
Krewni opłakać mnie przyjdą o świcie,
Znajomi nocą zawitają w sieni.

Na dzikiej łące chcę być pochowany,
Gdzie spokój dusza ma wieczny zastanie.

Mroczna, oj, mroczna będzie ma wędrówka,
A głośne wiatru u grobu świstanie.

W trumnie ozdoba nie potrzebna żadna,
Lecz pogrzeb nago to skromność przesadna.

Odejdę od was i w pustce przepadnę.
Westchnienia po mnie zostaną jedynie.
Drzewa nie sadźcie, nie sypcie kurhanu,
Niech swoim rytmem spokojnie czas płynie.

Ten kto rozgłosu za życia nie cenił,
Nic mu po pieśni, co go sławi wszędzie.
Jeśli mu trudem tak wielkim jest życie,
To śmierć gdy przyjdzie, czymże jemu będzie?

Biada, oj, biada!

Żywot Tao Yuanminga

(Xiao Tong[1])

[1] Xiao Tong (501–531), najstarszy syn cesarza Wu z dynastii Liang. Zmarł z rozrzewnienia po utracie ukochanej konkubiny. Pośmiertnie uznany za cesarza. Był twórcą antologii tekstów zatytułowanej *Wybór tekstów*.

Tao Yuanming, imię grzecznościowe Yuanliang. Znany również jako Qian. Pochodził z powiatu Chaisang w prefekturze Xunyang. Potomek Tao Kuanga, Wielkiego Ministra do spraw Wojny na dworze dynastii Jin.

Tao Yuanming nie miał wielkich aspiracji. Był człowiekiem oczytanym i doskonałym pisarzem. Wybijał się ponad przeciętność. Podążał za głosem natury.

W jednym ze swych utworów, zatytułowanym *Żywot pana Pięciowierzba*, przedstawił był sam siebie:

> Skąd pochodzi, sam nie wie. Nie zna też imienia swego ni nazwiska. Nieopodal jego domu, rośnie sobie pięć wierzb, którym to przydomek swój zawdzięcza. Lubi spokój i nie jest zbyt rozmowny. Nie zazdrości nikomu zysków ani sławy. Uwielbia czytać, ale się w zawiłości tekstu nie zagłębia. Kiedy natknie się na coś ciekawego, nieraz zdarzy mu się zapomnieć o posiłku. Jest pijakiem, ale bieda w domu nie zawsze mu pić pozwala. Krewni znając dobrze jego słabość, zapraszają go czasami na wódkę. Kiedy już pić zaczyna, to idzie na całość – aż się upije. Upiwszy się, wraca do siebie, choć wszystko mu jedno czy pójdzie, czy zostanie. Cztery ściany pustkami świecą, ani przed deszczem ani przed słońcem go nie chronią. Za krótkie nosi łachmany i pocerowane. Jadła i napoju nierzadko brakuje – ale wcale się tym nie zamartwia. Pisuje czasem dla własnej przyjemności, wyrażając nierzadko najskrytsze swe pragnienia. Długo nie rozpacza, kiedy coś utraci – i tak przez całe swoje życie.

Jemu współcześni powiadali, iż w istocie było tak jak wyżej opisano.

Jako że krewni jego byli już w podeszłym wieku, a w domu bieda piszczała, podjął się służby urzędniczej w Jiangzhou na stanowisku Specjalisty ds. Libacji. Praca w administracji rządowej okazała się jednak nie do zniesienia i po kilku dniach złożył rezygnację i wrócił do siebie.

Dostał też propozycję pracy na stanowisku Sekretarza w Jiangzhou, ale ją odrzucił.

Utrzymywał się z uprawy roli. Aż dnia pewnego przedźwigał się i zachorował. Tan Daoji – gubernator Jiangzhou – przyszedł go odwiedzić, kiedy Tao Yuanming od kilku dni leżał bezsilny na wznak.

– W mętny czas człowiek światły kryje się w pustelni, a gdy wraca porządek, na powrót do ludzi wychodzi. Dzisiaj żyjesz w okresie świetności, po cóż tak się udręczasz? – zapytał gubernator.

– Jaki tam ze mnie światły człowiek? Daleko mi do takiego – odrzekł Yuanming.

Daiji przyniósł mu w prezencie sorgo i mięso. Yuanming machnął ręką, by je sobie zabrał.

Potem był adiunktem u dwóch generałów.

Razu pewnego rzekł do przyjaciela:

– Chciałbym przez jakiś czas pełnić urząd starosty, żeby podreperować pustelniczy budżet. Co ty na to?

Kiedy słowa te doszły do pełnomocnika, obsadzono Yuanminga na stanowisku starosty w Pengze. Nie wziął ze sobą swych podopiecznych, ale posłał swemu synowi sługę, tak pisząc w liście:

> Trudno Ci sprostać codziennym zadaniom.
> Wysyłam Ci więc tego sługę, aby pomógł Ci
> zbierać chrust i czerpać wodę. Jest synem innych
> ludzi; obyś dobrze go traktował.

Kazał obsiać publiczne pole ryżem kleistym,[1] mówiąc:

– Trzeba mi się czasem upić, a tyle mi starczy.

Żona nalegała, aby obsiać je ryżem sypkim. Dlatego też polecił obsiać 25 mórg ryżem kleistym a 5 mórg ryżem sypkim.[1] Pod koniec roku zawitał do Pengze Asystent Prefekta ds. Kontroli.

---

[1] Ten rodzaj ryżu nadaje się do produkcji wódki.
[1] Dosł. „2 *ying* 50 *mu* ryżem kleistym i 50 *mu* ryżem sypkim."

– Trzeba podjąć go w galowym stroju – rzekł do Yuanminga urzędnik powiatowy.

– Ech – westchnął Yuanming – Jakże to mam uginać kark dla pięciu kwart ryżu niczym jakiś wiejski chłopczyna? Tego dnia jeszcze oddał pieczęć i odszedł z urzędu. Napisał wtedy poemat *fu*[1] pt. *Do domu w drogę, hej!* Otrzymał nominacje na podsekretarza, ale odmówił.

Wang Hong – gubernator miasta Jiangzhou – chciał go poznać, ale do spotkania nie doszło.

Pewnego razu Yuanming udał się na szczytu Lushanu. Hong nakazał nijakiemu Pang Tongzhi – przyjacielowi Yuanminga – zanieść mu wódki. Mieli się potkać w pół drogi na wysokości wioski Li. Yuanming miał problem ze stopą, polecił więc jednemu ze swych uczniów i dwóm synom, aby go zanieśli w bambusowej lektyce. Kiedy dotarł na miejsce, obaj zabrali się z radością do picia. Po chwili zjawił się Hong. Tao nie obraził się.

Yan Yanzhi był kronikarzem na usługach generała Liu Liu. Podczas pobytu w Xunyangu zaprzyjaźnił się z Yuanmingiem. Potem został przeniesiony do prefektury Shi'an. Kiedy przejeżdżał przez Xunyang, zawsze zachodził do Yuanminga na wódkę. Za każdym razem upijali się na umór.

Hong chciał, aby Yanzhi przyszedł do niego na biesiadę, ale nic nie wskórał.

Na odchodne Yanzhi podarował Yuanmingowi 20 000 monet. Ten zaś kazał wszystkie te pieniądze zanieść gorzelnikowi na poczet przyszłych zakupów wódki.

Przeliczenia w przybliżeniu podane wg tabeli zamieszczonej w publikacji pt. *Chinese History – A Manual*, pod redakcją Endymiona Wilkinsona, wydanej w 2000 przez Harvard University Press

[1] Poemat *fu* charakteryzuje się tym, iż zawiera zarówno poezję liryczną i epiczną jak i prozę poetycką.

Pewnego razu na święto podwójnej dziewiątki[1] Yuanming zbierał chryzantemy nieopodal swej chaty. Długo siedział wśród krzewów z dłońmi pełnymi kwiatów. Nagle zobaczył, że przyszedł do niego Hong z dzbanem wódki. Upił się więc i wrócił do domu.

Yuanming nie miał słuchu muzycznego, ale przechowywał w domu jedną bezsmyczkową cytrę, na której, upiwszy się, pobrzękiwał, dając ujść emocjom.

Gdy przyszedł do niego kto biedny czy bogaty, jeśli miał wódkę, to zawsze na stół stawiał. A jeśli się upił jako pierwszy, mówił wtedy:

– Upiłem się, idę spać. Waćpan wracać może.

Taki był spontaniczny i bezpośredni.

Często zachodzili do niego generałowie z prefektury. Jeśli tylko miał świeży samogon, ściągał z głowy popelinowy turban, by przecedzić alkohol. Przecedziwszy, ponownie zakładał turban na głowę.

Na Lushanie zjawił się w owym czasie Zhou Xuzhi, asystujący mnichowi Huiyuanowi. Z Pengchengu przybył Liu Yimin, aby ukryć się w górach. Yuanming też odrzucił posadę urzędniczą. Nazywano ich trzema pustelnikami z Xunyangu. Tan Shao – który był gubernatorem w Jiangzhou – upraszał wielokrotnie, aby Xuzhi zechciał podjąć się pracy na urzędzie.

Xunzhi razem z Zu Qi i Xie Jingyi debatowali nad księgami dotyczącymi etykiety i dobrych obyczajów, poprawiając tu i ówdzie błędy. Ich biuro znajdowało się wonczas w pobliżu stajni wojskowej, dlatego też Yuanming w swoim wierszu napisał:

[...]

Zhou,   Konfucjusza   podążyłeś   śladem,
Zu i Xie prędko doszli do załogi.

---

[1] Patrz przypis 2. str. 46.

[...]

Chociaż   przy   stajni   nie   łatwo   się   skupić,
Wy błędy w księgach skrzętnie poprawicie.

Jego żona Zhai też potrafiła znosić trudy i podzielała zdanie męża.

Niegdyś jego przodek był wysokiej rangi urzędnikiem na dworze cesarskim za panowania dynastii Jin.[1] Czasy panowania kolejnych dynastii przyniosły upokorzenie. Od chwili wstąpienia na tron dynastii Liu-Song,[1] służba państwowa powoli odzyskiwała dawny splendor, ale Yuanming nie miał ochoty zostać urzędnikiem. W czwartym roku ery Yuanjia[1] ponownie otrzymał nominację, ale tak się złożyło, że umarł.

Miał 63 lata. Pośmiertnie nadano mu przydomek Qingjie, co znaczy: Spokojny-i-umiarkowany.

---

[1] 265–420 r. n. e.
[1] 420–479 r. n. e.
[1] Czyli 427 r. n. e.

Transkrypcja

Transkrypcja słów chińskich, jaka została tutaj użyta, nosi oficjalną nazwę *hanyu pinyin* (漢語拼音), co dosłownie znaczy: transkrypcja języka chińskiego. Charakteryzuje się ona tym, iż dla osób niewtajemniczonych jest zupełnie niezrozumiała, mimo iż posługuje się ona dobrze nam znanymi literami alfabetu łacińskiego. Aby móc bez obaw czytać na głos opublikowane tu przekłady, należy poznać podstawy tejże; w wielkim skrócie przedstawiają się one następująco:

c – czyta się, o dziwo, jak polskie **c**, ZAWSZE!

h – czyta się jak polskie **ch**;

j – czyta się, mniej więcej, jak polskie **dź**;

q – czyta się, mniej więcej, jak polskie **ć**;

x – czyta się jak polskie **ś**;

zh – czyta się, mniej więcej, jak polskie **dż** (z tą tylko różnicą, że czubek języka jest zawinięty do tyłu);

ch – czyta się, mniej więcej, jak polskie **cz** (z tą tylko różnicą, że czubek języka jest zawinięty do tyłu);

sh – czyta się, mniej więcej, jak polskie **sz** (z tą tylko różnicą, że czubek języka jest zawinięty do tyłu);

w – czyta się jak polskie **ł** wałczane, czyli tak jak angielskie **w**;

y – czyta się, mniej więcej, jak polskie **j**;

z – czyta się, mniej więcej, jak polskie **dz**;

ng – czyta się tak jak po angielsku, czyli jest to tylnojęzykowe **n**; tak jak w polskim wyrazie „Ki**ng**a." Ale samo **g** jest tutaj nie wymawiane, podobnie jak w angielskim „ki**ng**";

r – na początku sylaby czyta się mniej więcej jak polskie **ż** (z tą tylko różnicą, że czubek języka jest zawinięty do tyłu) albo podobnie jak angielskie **r**; na końcu sylaby jak angielskie **r** w wymowie amerykańskiej.

Pozostałe spółgłoski można czytać podobnie do ich polskich odpowiedników, przy czym w *hanyu pinyin* **b, d** oraz **g** reprezentują głoski bezdźwięczne bezprzydechowe, dla uproszczenia, można je jednak wymawiać tak polskie dźwięczne, nie jest to jednak właściwa ich wymowa.

i (po **z, c, ch, zh, s, sh, r**) – czyta się mniej więcej jak polskie **y**, w innych przypadkach czyta się jak polskie **i** (wymawiane jak polskie **i**, chińskie **i** zmiękcza poprzedzającą je spółgłoskę, tak jak w języku polskim);

o (po **p, b, m, f**) – czyta się **ᵘo** (**o** z lekką labializacją);

ai, ei, ia, ie – czyta się odpowiednio: **aj, ej, ja, je**;

ian – czyta się **jen** (!);

e (przed **n, ng**) – podobnie do polskiego **e**, choć bliższe dźwiękowi *shwa*.

uan (po **x, j, q, y**) – czyta się **üen** (!) (patrz **ü**), z tym że jest to jedna sylaba: **ü** jest niezgłoskotwórcze;

iang – czyta się **jang** (patrz **ng**);

iu – czyta się **joł**;

ui – czyta się **łej**;[1]

ou – czyta się **oł**;

uo – czyta się **ło**;

ao – czyta się **ał**;

ua – czyta się **ła**;

un – czyta się **ᵘun** (**un** z lekką labializacją);

ong – czyta się **ung** (patrz **ng**);

u (po **x, j, q, y**) – czyta się **ü** (jak polskie **i** przy ustach zaokrąglonych jak do wymowy **u**);

ü – czyta się **ü** (jak polskie **i** przy ustach zaokrąglonych jak do wymowy **u**);

e – podobnie jak polskie **e**; chińskie **e** jest jednak dźwiękiem powstającym w tylnej części jamy ustnej.

ie, ei – odpowiednia jak polskie **je** i **ej**;

---

[1] A zatem wyraz „hui" wymawia się **chłej**, a nie tak jakby sobie tego niektórzy życzyli.

Pozostałe samogłoski czyta się podobnie jak ich polskie odpowiedniki.

Słowa, których inna ortografia przyjęła się już na stałe w języku polskim, zapisane są według tej właśnie tradycyjnej ortografii; do słów tych należą między innymi:

Tao,[1] Lao-tsy (lub Lao-tse), Pekin, żeń-szeń (a nie: Dao, Lao Zi, Beijing czy renshen).

Słowa, które uległy latynizacji, występują w formie zlatynizowanej: Konfucjusz, Mencjusz (a nie: Kong Fu Zi czy Meng Zi).

---

[1] Forma ortograficzna nazwiska poety 'Tao' to zapis w transkrypcji *hanyu pinyin*. Słowo oznaczające filozofię Tao w transkrypcji *hanyu pinyin* zapisywane jest 'Dao'. Spolszczona forma 'Tao(izm)' pochodzi z transkrypcji Wade'a-Gilesa, w której nazwisko poety zapisuje się 'T'ao'. Tak więc nazwisko Tao (T'ao) nie ma nic wspólnego z taoizmem.

17346713R00057

Printed in Great Britain
by Amazon